授業が **100倍** 楽しい！

ゴールから考える授業づくり

| こう 著 |

学陽書房

こんなことに悩んでいませんか？

- ☑ 子どもが授業に集中しない…
- ☑ 教えたことが身についていない…
- ☑ 楽しい授業が思いつかない…

ひとつでも当てはまったら、
「ゴールから考える授業づくり」
に挑戦してみませんか？

ゴールから考える授業
ってこんな感じ!

マグネットフェスティバル

シンクロマット発表会!

歴史上の人物になりきりショート動画を撮る!

とび箱のミュージックビデオをつくる!

☑ 子どもが主役になる授業へ!

☑ 学びがしっかり定着する!

☑ 勤務時間内で計画できる!

本文にGO! ➡

はじめに

　はじめまして、「定時で帰る働き方」を発信している、こうと申します。

　この度は「ゴールから考える授業づくり」を手にしてくださり、ありがとうございます。**授業が 100 倍楽しくなるのに、準備に手間暇をかけないからこそ定時で帰れる、そんなアイデアがたくさんつまった 1 冊になっています。**

　あなたが考える「楽しい授業」とは、どんなものですか？

　この本を手に取っていただいたということは、少なからず「楽しい授業」に興味がありますよね。楽しい授業とは自分が満足すればいいわけではありません。子どもたちにとって「楽しい」と思えることが、最も重要です。

　子どもたちにとって「楽しい授業」と「楽しくない授業」には次のような違いがあると考えています。

　「楽しくない授業」とは、先生が一方的に話し続ける「知識中心の授業」です。また、なんのために学習をするのかわからない授業はやる気が起きません。学んだ成果を発表する機会のないものは達成感を得ることもできません。このような授業では子どもたちは退屈に感じるでしょう。

　反対に、子どもたちが主体的に活動できる授業は、学習に対する意欲や興味がわきます。誰だって意味のわからないことに楽しさをみつけることはできません。「このために学んでいたんだ！」と実感できる授業は、知識も定着しやすくなります。

　また、今の学習指導要領でも「子どもたちが主体的に学ぶことで得られる、社会の変化に対応する力や困難に直面しても解決できる力をつけること」が求められています。ただ、これらはずっと前から言われていることでもあります。つまり「知識中心の授業だけではダメ」「子どもたちが主体的に楽しめる授業をつくろう」と求められているわけです。

　それなのに、なぜ授業は変わらないのでしょうか？

　理由は大きく分けて二つあると考えます。

　一つ目は**「変えるための時間がそもそもない」**ということです。新しいことに挑戦するには時間とエネルギーが必要です。しかし忙しい日々のなかで、それを捻出するのは容易ではありません。

二つ目は**「どう変えたらよいのかわからない」**ということです。「そもそも子どもたちが主体的に取り組む授業ってどうつくればいいの？」という大きな疑問があるからです。

　つまり「時間がない」「やり方がわからない」という二つの要因が、授業を変える大きな壁になっています。しかし、逆にいえば、この二つの課題をクリアできれば、楽しい授業を実現することが可能になるのではないでしょうか。

　この本では、これらの課題に対する解決策として「ゴールから考える授業づくり」をご紹介します。もちろんほかにもさまざまな授業の手法がありますし、素晴らしい先生方の提案も多く存在します。しかし、現場の状況を考えると、それらを試す時間を確保すること自体が一番のハードルだと思います。

　そこで、本書でお伝えするのは、**最低限の準備で実践でき、なおかつ子どもたちが主体的にワクワクしながら楽しめる授業のつくり方です。**この本を読み終えた後に「これならやってみようかな」「これくらいならできそうだな」と思ってもらえる内容を目指しました。

　ぜひ、この本を通じて、楽しい授業づくりの第一歩を踏み出してください。

　2025 年 2 月

こう

Contents

はじめに ………………………………………………… 4

本書で登場する教育支援ツール ………………… 10

本書をお読みになる前に …………………………… 11

第1章 ▶授業のつくり方
残業時間ゼロで子どもたちが ワクワクする授業をつくろう

ゴール設定からはじめる授業づくり ………………… 14

国語1年 うみのいきものポケモンカードをつくろう！ ……… 16

社会・総合6年 YouTuber になりきって
世界の国を紹介しよう！ ………………………… 20

ゴール設定からはじめる授業作成6ステップ ……… 24

ステップ① 100％力を入れる単元を見つける ……… 26

ステップ② あえて時間をかけない単元を見つける ……… 28

ステップ③ ゴールを決める ……………………… 30

ステップ④	ターゲットを決める	32
ステップ⑤	授業の中身を計画する	34
ステップ⑥	評価するポイントを決める	36
COLUMN ❶	目の前の子どもたちに合わせて修正！	38

第2章

▶ **実践事例**

子どもたちがワクワクする ゴール設定

国語3年	食べ物のひみつリーフレットをつくろう！	40
国語4年	ごんぎつねの CM づくりをしよう！	44
国語5年	推薦したい本のポップを作成しよう！	48
国語6年	主人公になりきって 自分の生き方を語るスライドを作成しよう！	52
算数1年	10 までのたし算・ひき算 トランプ大会を開こう！	56
算数4年	筆算の解説動画を作成しよう！【わり算】	58
生活1年	あさがおの成長記録をスライドで作成しよう！	62
理科3年	マグネットフェスティバルを開こう！	66
理科3年	昆虫の体のつくりを観察し クラスで昆虫図鑑をつくろう！	68

理科3年 アニメーションを使って
太陽を正しく動かそう！ 72

社会6年 歴史上の人物になりきって
ショート動画を撮ろう！ 76

社会6年 歴史すごろくを作成しよう！ 80

体育6年 シンクロマットの発表会を開催しよう！ 84

体育3〜6年 とび箱のオリジナルミュージックビデオを
作成しよう！ 88

国語・総合3年 デジタル校内マップを作成しよう！ 92

COLUMN ❷ 導入の演出で子どもたちをやる気に！ 96

第3章

▶ **プラスα**

さらに授業の質を高めよう！

テンプレや生成 AI を使って成果物の見本を作成しよう！ 98

参考文献や WEB サイトを用意しておこう！ 100

ほかの教科とコラボできないか考えよう 102

子どもたちに単元計画フォーマットを共有しよう！ 104

準備時間がない１学期は負担の少ないゴール設定に 106

ミッション型授業で子どもたちが主体的に！ 108

ワクワクするゴールを集めよう！ ········· 110

COLUMN ❸ 子どもたちと一緒にゴールを考えよう！ ········· 112

第4章 ▶評価
スムーズに・コンパクトに評価をしよう！

ふりかえりカードを活用しよう！ ········· 114

ルーブリック評価を活用しよう！ ········· 116

子どもの具体的な行動や発言を想定しておこう！ ········· 118

誰が何を担当したのかを記入させよう！ ········· 120

動画や音声を提出させて評価しよう！ ········· 122

子どもたちの相互評価を取り入れよう！ ········· 124

おわりに ········· 126

参考文献 ········· 127

本書で登場する教育支援ツール

教育支援ツールを使いこなして授業をデザインしよう！

① Canva

　デザイン初心者でも簡単にポスターや資料が作れるオンラインデザインツールです。豊富なテンプレートや画像素材を利用することで、子どもたちでも簡単にデザイン性にあふれた作品を作成できます。

② ロイロノート・スクール

　教育向けの授業支援アプリで、授業資料の共有や課題提出、子どもたち同士のコミュニケーションが簡単にできます。シンプルな操作性で、１年生からでも授業で活用していくことが可能です。

※本文内ではロイロノート・スクール（以下、本文内の記載は「ロイロノート」とします）のスクリーンショットを掲載しています。掲載箇所は本書カバーおよび本文ページのP.20、P.45、P.53、P.54、P.55、P.59、P.60、P.63、P.90、P.101、P.105、P.109、P.115、P.120になります。

③ ChatGPT

　AIが搭載されたチャット形式のアシスタントツールです。質問に答えたり、文章作成をサポートしたり、学習やアイデア出しにも活用できます。教育現場でも使い道があり、業務の効率化につながります。

④ Keynote

　Appleが提供するプレゼンテーション作成アプリです。シンプルで美しいスライドが簡単に作成でき、アニメーションやグラフを活用して視覚的に魅力的な資料をつくることができます。

⑤ Clips

　Appleが提供する動画編集アプリで、動画の撮影から編集までこのアプリひとつで完結します。トランジションやフィルター、字幕機能を使って、個性的で楽しい動画が簡単に作成できます。

⑥ Pages

　Appleが提供する文書作成アプリで、レポートやプリントなどの作成に適しています。画像や図表を挿入して、視覚的にわかりやすいドキュメントをつくることが可能です。

本書をお読みになる前に

ご購入・ご利用の前にかならずお読みください

免責事項

・本書に記載された内容は、情報の提供のみを目的としております。本書を参考に操作される場合は、必ずご自身の責任と判断に基づいて行ってください。本書の運用により想定していた結果が得られない場合や、直接的または間接的な損害が発生した場合も、弊社および著者はいかなる責任も負いかねます。あらかじめご理解、ご了承ください。

・本書の発行後に Canva、ロイロノート、ChatGPT、Keynote、Clips、Pages の機能や操作方法、画面の表示、また本書に紹介するテンプレートなどが予告なく変更されたり、使用できなくなったり、本書の掲載内容通りには操作ができなくなる可能性があります。テンプレートについては、本書ご購入後、速やかにご自身のアカウントにコピーしていただくことをお勧めします。

・恐れ入りますが、アプリやテンプレートの使い方に関する個別のお問い合わせには対応しておりません。ご不明な点がございましたら、公式サイトの説明やヘルプページをご参照いただけますと幸いです。また、著者や弊社への直接のお問い合わせには対応いたしかねますので、ご了承いただけますようお願いいたします。

使用許諾

・本データの著作権や知的財産権については著者に帰属し、お客様に譲渡されることはありません。

・データを無断で商業目的に使用することはできません。

・テンプレートにつきましては購入された方が営利目的ではない私的な目的（学校内や自宅などでの利用）のみ、印刷物を作成することができます。ご使用にあたっては、クレジット表記や申請書の提出は必要ありません。

※本文中に記載されている会社名、製品名は、すべて関係各社の商標または登録商標、商品名です。なお、本文中には ™ および ® マークは記載しておりません。

Keynote・Pages のテンプレートのダウンロード方法

① Keynote・Pages がインストールされているか確認する

　テンプレートを開くには、Apple のアプリ「Keynote」または「Pages」が必要です。インストールされていない場合は、「App Store」で検索し、インストールしてください。

② QR コードを読み込む

　QR コードを読み取ると、Google ドライブのファイルにアクセスできます。

③ ファイルをダウンロードし Keynote・Pages で開く

　「…」マークを押し、「ダウンロード」を押します。ダウンロードするアプリの選択肢が表示されるので、Keynote または Pages を選びます。

スプレッドシートのダウンロード方法

① QR コードを読み込む

　QR コードを読み取ると、Google スプレッドシートにアクセスできます。

② コピーを作成する

　スプレッドシートは「閲覧専用」になっているため、そのままでは編集できません。画面左上の「ファイル」メニューから「コピーを作成」を選ぶと、コピーが作成され、編集できるようになります。

第 1 章

▶ 授業のつくり方

残業時間ゼロで
子どもたちがワクワクする
授業をつくろう

ゴール設定からはじめる授業づくり

子どもたちがワクワクするゴールを掲げよう！

▶ ゴール設定からはじめる授業づくりとは？

「ゴール設定から始める授業づくり」とは、読んで字のごとく子どもたちがワクワクするようなゴールから考える授業づくりのことです。

たとえば、4年生の国語では「風船でうちゅうへ」（光村図書）という単元があります。その単元では「きょうみをもったことを中心に、しょうかいしよう」という子ども向けの単元目標が掲げられています。いわゆる要約文を書く単元です。

これを子どもたちが「やってみたい」と思うような活動にするのです。たとえば「紹介する」から「ショート動画を作成する」という活動に変えるとどうでしょうか。もちろんクラスの実態や子どもたちによって変わりますが、「動画つくるの！？」「楽しそう！」と前向きな反応が返ってくることが想像できます。

このように子どもたちがやってみたくなるようなゴールを掲げるだけで、授業は楽しくなっていきます。

「要約するよ！」と言われても何のために？と思う子も「ショート動画をつくるためには要約が必要だよ！」と言われると、やる気が湧いてきます。

国語3年「食べ物のひみつを教えます」のゴール設定（P.40）

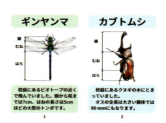

理科3年「こん虫のかんさつ」のゴール設定（P.68）

▶ ゴールを考えるときのポイント

ゴールを考えるときは、必然的にその単元でつけさせたい力を習得できるようなゴールにすることが重要です。

先ほどの例で言うと「ショート動画」をつくるためには、文章全体の内容をしっかりと読み取る「要約する力」が必要になります。**子どもたちは「ショート動画をつくる！」というゴールに向かっていますが、結局やっていることは「要約」だった、といったような活動にするのがポイントです。**

また「ショート動画をつくるにはどんな力が必要かな？」と問いかけ、「文章をしっかり読み取る！」「短くまとめる力！」という答えを引き出しながら、要約することの必要性を与えられると理想的です。

▶ 授業を行事化する

運動会や学校祭りなど子どもたちがワクワクするような行事の前には、練習や準備に熱が入ります。もちろん行事の練習や準備以外の時間は普段どおりの授業を行いますが、何かひとつ熱中しているものがあるときの子どもたちの姿には目を見張るものがあります。

「行事」という大きなゴールが子どもたちに与える効果は絶大です。ならば授業も行事化させてしまえばいいと思いませんか？

そんなワクワクするような授業を考えることができれば、子どもたちは主体的に学ぶようになります。「残り時間でショート動画の続きをやってもいいですか？」。こんな質問もとび出します。これを聞いたあなたもワクワクしてきませんか？

さっそく「ゴール設定から始める授業づくり」の実践事例を2つご紹介します。いったいどのような授業になるのか、次のページから見ていきましょう！

✅ POINT

- ● ワクワクするゴールがあるから授業が楽しくなる！
- ● 学んだことを発揮できる場面がある！
- ● 学ぶことに熱が入り学校が楽しくなる！

国語1年　「うみのかくれんぼ」のワクワクゴール♪

うみのいきもの
ポケモンカードをつくろう！

めあて　生き物の隠れ方を調べて、友達にわかりやすく説明する

▶ 夢のようなポケモンカードづくり！

　1年生国語科の説明文「うみのかくれんぼ」のゴールとして、生き物の隠れ方を調べてカードにするという、「うみのいきものポケモンカードづくり」を設定しました。あらかじめ作成しておいた見本のカードを見せると、子どもたちの目はキラキラ輝き「早くつくりたい！」と胸を躍らせていました。

　ゴールを達成するために、本文中の「問い」と「答え」を見つけ、説明の仕方や順番などを学習しました。

　計画では、1人1つの生き物を調べ、1枚だけカードをつくる予定でしたが、「もっとつくりたい！」という声が上がり、1人で10枚ほどつくる子どもも出てきました。

　作成したカードをラミネート加工することでさらにカードらしくなりました。「お家の人に、海の生き物のことをわかりやすく説明するんだよー！」と伝え、子どもたちに渡しました。

準備するもの

- ☐ 参考図書（海の生き物図鑑など）
- ☐ 見本のカード
- ☐ うみのいきものポケモンカードのテンプレート（Canvaで作成）

QRコードから
ダウンロード

16

(こう できた!) 子どもたちの実態に合わせて タブレットor手書きで作成!

カードづくりで指導目標を達成
楽しみながら、文章の中の重要な語や文を考えて選び出す練習ができます。

手書き作成用テンプレート
生き物の絵を描く場所と、文を書くマスを作成しておき、印刷して子どもたちに配付します。

✓ POINT
- ラミネートで本物同様の使用感!
- タブレット・手書きどちらでもOK!
- カードづくりはほかの学年や単元でも使える楽しいゴール設定!

第1章【授業のつくり方】残業時間ゼロで子どもたちがワクワクする授業をつくろう　17

▶ 授業を組み立てるときのコツ

　「うみのかくれんぼ」では、「問い」に対し、海の生き物についての「答え」が書かれています。その中の重要な語や文を読み取り、事柄の順序がわかりやすく説明されていることに気づかせる必要があります。

　そこで、子どもたちが楽しみながら学習に取り組み、目標を達成することができるよう、ポケモンカードを作成するという楽しいゴールを設定しました。

　本文には3種類の生き物が出てくるため、授業では1つずつ順番に問いと答えを確認しながらカードを作成する練習を行いました。そして、最終的には参考図書から自分が作成したい生き物を選び、カードを作成しました。

▶ 子どもたちへの対応・声かけポイント

①タブレット操作に手こずっている子どもに対して

Ｔ：「〇〇さん、もし難しそうであれば手書き用のカードでつくってもいいですよ！」

Ｃ：「そうします！」

→今回の単元では、あくまでも「いきものの隠れ方を調べて、わかりやすく説明すること」が目的です。

　見栄えのよいカードづくりにこだわらないようにしましょう。手書きを提案したり、画像付きのテンプレートを用意したりすると仕上がりに差がでません。

②カードをたくさんつくるために適当に書いている子どもに対して

Ｔ：「〇〇さん、この内容じゃあ、この生き物の特徴が伝わらないかも！もっとよくわかるカードにするためにはどうすればいいかな？」

Ｃ：「うーん、隠れ方をもう少し詳しく書く？」

→相手に伝わりやすく説明するにはどうしたらいいかを考えさせるように問いかけるとよいでしょう。

▶ ゴールを達成するための単元計画（全9時）

時数	主な学習活動
1	1．導入（カードの見本を見せる） 2．子どもたちと学習の計画を立てる
2	1．音読 2．「うみのかくれんぼ」を読んで、どんな文章か話し合う
3	1．音読 2．「うみのかくれんぼ」の書き方をたしかめよう
4	1．音読 2．はまぐりが、どのように隠れているのかを読んでノートにまとめる
5	1．音読 2．たこが、どのように隠れているのかを読んでノートにまとめる
6	1．音読 2．もくずしょいが、どのように隠れているのかを読んでノートにまとめる
7	1．自分が選んだ生き物の隠れ方を調べて、カードにまとめる（下書き）
8	1．下書きを元に「うみのいきものポケモンカード」をつくる ◀**GOAL!**
9	1．完成したカードを使って、友達に生き物の隠れ方を説明する

※単元名：「うみのかくれんぼ」『こくご一上』（光村図書、令和6年度版）

▶ 実際の授業

　実際の授業では、子どもたちが「紙に書くほうがやりやすい！」ということで、手書きでカードを完成させました。

　子どもたちには、事前に自分が選んだ海の生き物の画像をタブレットで送ってもらうようにしました。手間ではありましたが、送られてきた画像をこちらで1枚ずつカードに当てはめて紙に印刷しました。そうすることで、子どもたちがスムーズにカードづくりを行うことができました。

社会・総合6年

YouTuberになりきって世界の国を紹介しよう！

めあて 日本とつながりの深い世界の国について調べ、その国の暮らしをまとめる

▶ 今や子どもたちの憧れの職業

「YouTuber」というワードが出てきただけで子どもたちのテンションはマックスに。iMovieやCanvaなどのアプリを使えば、子どもたちでもYouTuber風の動画をつくることができます。

子どもたちはグループで役割を分担し、動画のコンセプトや仕上がりをイメージしていきます。そして伝えたい情報をどんな演出で伝えるかを試行錯誤しながら、世界の国について学んでいきます。**上映会は大きなスクリーンがある教室で行うなど、教師が場を演出すれば、子どもたちの達成感も爆上がりです。**

準備するもの
☐ 動画の見本（必要に応じて）
☐ 撮影スペースの確認と確保
☐ 動画の作成イメージ（下図参照）

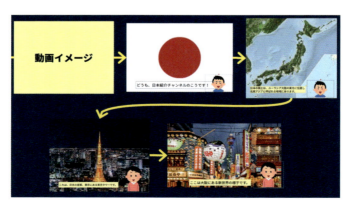

こうできた！勉強系グループチャンネル！

グループチャンネルのような自己紹介からスタート！
グループ紹介からはじめるとより本格的なチャンネルに。冒頭から楽しそうな雰囲気満載の動画に仕上がります！

役割分担をすれば個人での撮影も可能！
全員が揃う必要はなく、それぞれが担当して作成した動画を組み合わせて１本の動画にすることも可能！

✓ POINT
- YouTubeという単語で子どもの心をわしづかみ！
- 撮影、編集には時間を取り過ぎない！
- 鑑賞会が学習内容の復習になる！

▶ 授業を組み立てるときのコツ

①グループの構成について

　グループ分けをする前に、動画編集が得意、または好きな子をグループに1人は入れるように配慮し、人数は、3〜5人ぐらいで構成します。6人以上になると、どんな内容にするかなど意見がまとまりにくくなってしまいます。また、この授業を行う前にも動画を作成する活動を計画的に入れておくとスムーズに取り組めるでしょう。

②見通しをもたせる

　「動画の時間は、3分から7分まで。動画作成に当てられる授業時間は8時間」などあらかじめ見通しをもって取り組めるように伝えておきます。

▶ 役割分担でスムーズに！

　子どもたち主導で進める学習ほど、やるべきことを明確化して行うことが重要です。分担表を用意しておき、やるべきこと見える化しておきましょう。**また、分担表を提出させることで所見を書く際などの参考になります。**

　役割分担表については120ページの「誰が何を担当したのか記入させよう！」を参考してください。

▶ 子どもたちへの対応・声かけポイント

①撮影に抵抗がある子どもに対して

Ｃ：「撮られるのとか苦手だな〜」

Ｔ：「撮影や裏方にまわってもいいよ〜」

→ YouTubeと聞いて誰しもテンションが上がるわけではありません。撮影や構成を考えるなど、さまざまな役割があることを伝え、安心して学習できるようにしましょう。

②テンションが上がりすぎる子どもたちに対して

→ YouTubeの撮影ともなると盛り上がり過ぎてしまう心配があります。ほかのクラスは授業中であることをしっかりと確認しておきましょう。また、それぞれ撮影現場に行くときは必ず教師に報告するよう約束しておきます。

▶ ゴールを達成するための単元計画（全10時）

時数	主な学習活動
1	○調べたい国・役割決め 　1．調べたい国をグループで決める 　2．調べる内容をグループで分担する 　3．役割表の作成
2〜4	○調べる・材料集め 　1．WEBサイト・本などで調べる 　2．調べた内容を記録しておく 　3．動画作成に使える画像などの材料を集める
5〜7	○原稿作成・動画撮影 　1．原稿作成 　2．撮影
8・9	○動画編集・役割表の修正 　1．動画編集 　2．役割表の修正があれば行う 　3．動画と役割表を提出
10	○鑑賞会 　1．広めの教室で鑑賞会を行う 　2．ふりかえり　　　　　　　　　◀GOAL!

※単元名：「日本とつながりの深い国々」『小学社会6』（教育出版、令和6年度版）

▶ 実際の授業

　子どもたちは、グループYouTuberとして動画作成をする中で、「欠席の子がいるから撮影できない」と困っているグループがありました。ただ、ほかのグループの撮影を見て「1人ずつ順番に違う内容を話していく動画にしよう！」と考え、それぞれが撮影した動画を編集で1つにまとめる形で動画を作成していました。

　そのほか、自分たちのグループ内だけでなく、うまく進めているグループに相談する様子もあり、クラス全体で高め合っている姿が見られました。

第1章　【授業のつくり方】残業時間ゼロで子どもたちがワクワクする授業をつくろう　23

ゴール設定からはじめる 授業作成6ステップ

授業計画も時短でスムーズにつくれる

▶ 【超時短】ゴールから逆算して授業をつくる！

ここまで2つの実践事例をご覧になって、いかがですか？

こんな授業、やってみたい！　でも実際できるかな？と思いますよね！ここでは「ゴール設定からはじめる授業」のつくり方を6つのステップに分けて具体的に述べていきます。

以下が、その6ステップです。

ステップ①　100%力を入れる単元を見つける
ステップ②　あえて時間をかけない単元を見つける
ステップ③　ゴールを決める
ステップ④　ターゲットを決める
ステップ⑤　授業の中身を計画する
ステップ⑥　評価するポイントを決める

この方法で教材研究を進めていくと、1時間目の授業から順番に考えるよりも、はるかに短い時間で授業計画を作成することができます。

また、授業の流れをゴールから設定することで「そのためにはどんな学習が必要か」「なにを押さえておくべきか」などが明確になり、授業が組み立てやすくなります。

さらには、明確なゴールがあることで、授業が多少計画どおり進まなかったとしても、焦ることなく軌道修正を加えながら、子どもたちをゴールに導くことができます。

▶ 長期休暇で一気に計画するべし！

　前日に明日の授業を考える自転車操業のような働き方では、このような授業を作成することは難しいでしょう。

　1つの単元をゴールから設定し一気に計画するためには春休みや夏休み、冬休みなど長期休暇にしておく必要があります。**長期休暇中に授業を作成しておくことで、学期がはじまっても余裕をもって働くことができます。**

　準備時間が少ない1学期は、単元を絞って1単元でもよいので、子どもたちがワクワクするようなゴールを掲げて授業を行えるとよいでしょう。

▶ 長期休暇の働き方

　長期休暇に入ると、どうしても気が抜けてしまいます。遊びたい気持ちをほんの少し我慢し、気持ちを切らさず、次学期の授業計画を進めていきます。

　夏休みであれば、7月いっぱいはしっかり働き、8月からはゆっくり休むというイメージです。子どものいない夏休みは時間の縛りが少ないので、午前中だけ出勤してお昼には帰るというのも無理なく続けるコツです。朝はゆっくり過ごしたい、昼間に集中してやりたいなど、自分で時間を調整できるのも長期休暇の強みです。

　長期休暇は最初からガッツリ休みたい！という人は、休みに入る前の1週間を有効活用しましょう。休み前のラスト1週間は、午前中授業になる学校も多いはずです。長期休暇前にスパートをかけていきましょう。時間にも心にも余裕があるからこそ、いいアイデアが浮かぶものです。

✓ POINT
- ● ゴールから考えることでやることが明確になる！
- ● 中身はざっくりと計画するだけでOK！
- ● 長期休暇にまとめて計画！

第1章　【授業のつくり方】残業時間ゼロで子どもたちがワクワクする授業をつくろう　25

ステップ①
100%力を入れる
単元を見つける

面白いゴール設定ができる単元を探そう！

▶ まずは教科書、指導書を流し読み、単元を確認する

　先ほど、授業計画は長期休暇を活用すると述べました。ここからは具体的に、どのように計画していくかをお話しします。教材研究は、2学期の場合「各教科ごとに8月、9月と教科書の順番に進めていく」のが一般的なイメージではないでしょうか。

　私の場合は、まず2学期にどんな単元があるのかを教科書と指導書で、さらっと確認します。「こんな単元があるんだ～」くらいで大丈夫です。その際、意識していることが「子どもたちが前のめりになりそうな単元を探す」ことです。

　たとえば国語であれば、グループで新聞やパンフレットをつくったり、長い時数が設けてある物語文などに注目します。それに併せて「グループだったらどんなふうにパンフレットをつくらせたら楽しくなるかな」「物語文の最後に CM づくりをすると面白そう」など、少しイメージをふくらませていきます。結局は全部の授業をするのですが、その中でも「これ盛り上がるだろうな」と自分も楽しみになるような単元を見つけていくことを意識しています。それができれば第一段階はクリアです。

▶ 教科、単元を決めるポイント

　ではどのように教科、単元を絞るのか。**慣れるまでは自分が得意な教科を選んでください**。もちろん主要教科でなくても大丈夫です。大事なのは「自分自身も楽しめること」、「準備に時間がかからないこと」です。

　先生自身が面白くないと思っているときは、子どもたちも面白くないうえに、受け身になってしまいます。得意でない教科を選んでしまうと、準備に時間がかかるのは当然です。まずは得意教科で流れをつかみましょう。

▶ 面白そうだと思った単元をピックアップ！（例：1年2学期）

月	教材名	時数
9	こえを　あわせて　よもう	2
	みんなに　しらせよう	2
	ことばを　みつけよう	2
	やくそく	8
	かたかなを　みつけよう	2
	うみの　かくれんぼ	8
	かずと　かんじ	4
10	くじらぐも	8
	まちがいを　なおそう	2
	しらせたいな、見せたいな	10
	かん字の　はなし	6
11	ことばを　たのしもう	2
	じどう車くらべ	7
	じどう車ずかんを　つくろう	5
	かたかなを　かこう	2
	どんな　おはなしが　できるかな	6
12	たぬきの　糸車	8

※『小学校国語一上　かざぐるま』『小学校国語一下　ともだち』（光村図書、令和6年度版）より

自分が楽しそうと思える単元を選ぶ

とりあえずピックアップしておいて、後から変更してもOK！　まずは自分が楽しめそうな単元を選びます。

✅POINT

- まずは教科書と指導書を流し見しよう！
- 自分が「面白そう！」と思える単元を探そう！
- 得意教科から攻めよう！

ステップ②
あえて時間をかけない単元を見つける

既存の実践をアレンジする単元も用意しよう

▶ バランスを考えながら教材研究を！

　次のステップは「あえて時間をかけない単元を見つける」ことです。すべての単元に100％の力を注げば、もちろん時間は足りません。何よりも授業を受ける子どもたちが疲れてしまいます。「毎日が運動会だ！」なんて言われても、盛り上がることもなくただ疲れるだけです。授業も同じです。**毎授業、ワクワクする必要はありません。この単元は力を入れる、この単元は時間をかけずに準備するといったバランスが重要です。**

▶ 時数のバランスも考える！

　また、100％力を入れる単元は、想定時数よりもオーバーしてしまう可能性があります。そこで「あえて時間をかけない単元」で調整できるように、少ない時間数で計画しておくと安心でしょう。

▶ 既存のものをフル活用！

　時間をかけずに準備する方法は、ズバリ「既存のもの」を使うことです。指導書はもちろん、書籍やインターネットで紹介している実践をまねてみるのも1つの方法です。力を入れる単元があるからこそ、あえて力を入れない単元をつくってもいいというぐらいの気持ちをもっておくとよいでしょう。

〈参考にしている書籍・WEBサイト〉
・『板書で見る全単元の授業のすべて（板書シリーズ）』（東洋館出版社）
・ロイロノートみんなの授業案
・文部科学省/mextchannel（YouTubeチャンネル）
・NHK for School

▶ 教科書・指導書から時間をかけない単元を見つける

月	教材名	時数
9	こえを　あわせて　よもう	2→1
	みんなに　しらせよう	2
	ことばを　みつけよう	2→1
	やくそく	8
	かたかなを　みつけよう	2
	うみの　かくれんぼ	8
	かずと　かんじ	4
10	くじらぐも	8
	まちがいを　なおそう	2→1
	しらせたいな、見せたいな	10
	かん字の　はなし	6
11	ことばを　たのしもう	2
	じどう車くらべ	7
	じどう車ずかんを　つくろう	5
	かたかなを　かこう	2
	どんな　おはなしが　できるかな	6
12	たぬきの　糸車	8→6

※『小学校国語一上　かざぐるま』『小学校国語一下　ともだち』（光村図書、令和6年度版）より

時間をかける単元・かけない単元のメリハリを！
時間をかけなくてもよさそうな単元は時数を減らし、全体を調整します。
既存のものを少しカスタマイズ！
自分以外の人の授業を実践することで、課題が見つかることもあります。

✅POINT

- すべての教科を 100％でやろうと思わなくて OK ！
- 指導書の計画例よりも時数を短縮しても OK ！
- よさそうな実践を真似してみる！

第 1 章 【授業のつくり方】残業時間ゼロで子どもたちがワクワクする授業をつくろう

ステップ③

ゴールを決める

ワクワクだけでなく、指導目標も達成しよう

▶ 単元の指導目標からゴールをイメージする

　次に、100%力を入れようと決めた単元のゴールを考えます。ゴール
を考える際は、指導書の指導目標を参考にするとよいでしょう。**ゴールを
達成したときに、指導目標も達成することができるようなゴールを設定す
ることが必須です。**

▶ 目の前の子どもたちに合わせたゴールを考える

　さらに、ゴールは「目の前の子どもたちに合わせたもの」を考えること
が大切です。グループでの活動で力が発揮される子どもたち、タブレット
を活用した活動が得意な子どもたちと、子どもたちがより力を発揮し、よ
り楽しめるゴールを考えていく必要があります。子どもたちが最近ハマっ
ている遊びやテレビ、アニメなどに関連させてもよいかもしれません。

　教科書や指導書などを参考にしたうえで、目の前の子どもたちに合わせ
たゴール設定にカスタマイズしていきましょう。

▶ スモールステップで実行する

　大きなゴール設定であればあるほど、子どもたちは前のめりで活動しま
す。と言いたいところですが、ゴールのハードルが高すぎると、子どもた
ちのやる気は下がってしまいます。先生方も「いきなり動画作成をさせる
なんて難しそう…」と思う方もいるでしょう。

　そこで、ゴール設定も1年を見通しながらスモールステップで実行して
いくのがおすすめです。

　たとえば、6年生社会の授業であれば「歴史上の人物の紹介ポスターを
作成しよう！」というテーマで1学期に活動させたとします。タブレット

をまだ使い慣れていないのであれば、まずはアナログで作成します。グループ活動が難しいのであれば個人で作成するのもよいでしょう。

　２学期になり、タブレットやグループ活動に慣れてきたら「歴史のショート動画を作成しよう！」と、動画作成など少しハードルを上げた活動にするとうまくいくはずです。**このように、ワクワクするゴール設定もスモールステップにします。**

▶ 例：１年国語「うみのかくれんぼ」のゴール設定を考える

　以下は、光村図書の教師用指導書『小学校国語　学習指導書　１上　かざぐるま』（令和６年度版）から引用した「うみのかくれんぼ」の指導目標です。この指導目標を必然的に学べるようなゴールを考えていきます。

指導目標
・文章の中の重要な語や文を考えて選び出すことができる。（思Ｃ（１）ウ）
・文の中における主語と述語との関係に気づくことができる。（知（１）カ）
・事柄の順序など情報と情報との関係について理解することができる。（知（２）ア）
・事柄の順序などを考えながら、内容の大体を捉えることができる。（思Ｃ（１）ア）

指導目標をふまえた上でのゴールの考え方
①「重要な語や文を選ぶだけなら、カードづくりが面白そうかも！」「そのゴールを目指して、本文の内容をしっかり押さえられるようにしよう！」

②「ただのカードではなくて、ポケモンカード風にしたら、さらに楽しく取り組めそう！」

> **☑ POINT**
> - 子どもたちが「やらされている」と感じないゴール設定を考える！
> - 子どもたちが好きなことをゴールに関連付けよう！
> - 目の前の子どもたちに合わせてゴール設定のハードルを決めよう！

第１章　【授業のつくり方】残業時間ゼロで子どもたちがワクワクする授業をつくろう　31

ステップ④

ターゲットを決める

誰に向けて活動するかがやる気につながる

▷ 相手意識でモチベーションはさらにアップ！

　観客のいない運動会では、おそらく子どもたちのモチベーションは上がりません。**運動会を頑張ろうと思えるのは「おうちの人」に頑張った成果を見せることができるからです。**授業でのゴール設定も、ただ何か活動したり成果物をつくったりするだけでは、盛り上がりに欠けてしまいます。

　そこで「誰かに向けて」実行することで、子どもたちのモチベーションをさらに高めていきます。たとえば、4年生国語の「ごんぎつね」では「ごんぎつねのCMを作成しよう」というゴールを設定し、ここに「3年生へ向けて」という相手意識をもたせます。すると子どもたちは「結末がわからないようにしないと」「来年ごんぎつねの授業が楽しみになるにはどうすればいいかな」といったように相手意識をもちながら活動するようになります。もちろん、CMが完成したのちには、実際に3年生の元に届くようにし、フィードバックまでもらえれば完璧です。

▷ 相手によって活動意欲が変わる

　対象の相手が広がれば、子どもたちはさらに活動の意欲が高まっていきます。たとえば、クラス内で発表するよりも、ほかの学年に発表するほうがモチベーションは高まります。さらには学校中に向けてとなれば、それ以上に気持ちはたかぶるでしょう。このように対象の相手が広がれば広がるほど、子どもたちは前のめりで活動するようになります。

　ただし、低学年に関して対象の相手を広げすぎると、かえってイメージしにくい場合もあるので注意が必要です。**1年生国語「うみのいきものポケモンカードをつくろう！」では、あえて対象を「自分」とし「世界に1枚だけしかない自分のポケモンカードをつくろう！」とするだけでも「自分**

のために、かっこいいカードをつくりたい！」と意欲が高まるので、十分に効果があります。

ターゲット例

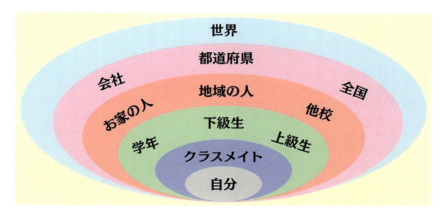

オンラインでもつながれる！

　今の時代、Zoomなどのツールを使えば、世界のどこでもつながることができます。たとえば大阪で働いている先生が、東京で先生をしている友人と「子どもたち同士で自分の地域自慢を発表しよう」といったように、同じゴール設定を掲げオンラインで報告し合うのもとても楽しいでしょう。

依頼動画でやる気は倍増！

　以前、1年生へ向けて本を紹介するポップづくりをしました。その際1年生の先生にこっそりと依頼し、「1年生におすすめの本を教えてほしいです！」とお願いする動画を撮らせてもらいました。それを見せてから授業を進めていくとよりやる気をみなぎらせ、真剣に取り組む姿がありました。

> **POINT**
> - ターゲットを広げてさらにモチベーションをあげよう！
> - オンラインでいろんな人とつながろう！
> - ターゲットには事前にお願いしておこう！

第1章　【授業のつくり方】残業時間ゼロで子どもたちがワクワクする授業をつくろう

ステップ⑤

授業の中身を計画する

指導書を参考にして単元計画を立てよう

▶ ポイントを絞って指導書を確認しよう！

　授業の中身を考える際は、オーソドックスではありますが、教師用指導書を参考にしてつくることがほとんどです。教師用指導書には、指導目標や評価基準例、１時間ごとの指導計画、板書計画など、さまざまな情報が掲載されています。教師になりたての頃は、その内容をすべて理解しようと必死に読んでいましたが、かえって大事なところを絞りきれず、準備にも膨大な時間がかかっていました。

　それではいくら時間があっても足りないので、指導書を参考にするときもポイントを絞って確認するようになりました。**特に重要視して確認するところは「指導事項に関わって」という項目です。**この項目がない指導書や教科は、「教材の特徴」「教材の解説」「指導のポイント」などの項目を参考にするとよいでしょう。

　ここには、教材の内容やねらいなどが書かれているので、それに合わせた活動内容を考えていきます。また、今回のゴールを達成するために、子どもたちが楽しく活動しながら、指導目標を達成することができるような授業の中身を考えていきます。

　活動内容が決まれば、必要に応じて板書計画をし、ワークシートなどを作成し準備を進めていくとよいでしょう。

▶ 子どもたちが単元計画を立てる

　また、子どもたちに計画させることもあります。その場合も、準備段階で、押さえなければいけない指導内容を確認しておきます。先にゴールを示し、子どもたちにそのゴールを達成するために何が必要かを考えさせることで、子どもたちの主体性を加速させることができます。

▶ 1年国語「うみのかくれんぼ」の授業の中身を考える

　以下は、光村図書の『小学校国語　学習指導書　1上　かざぐるま』（令和6年度版）から引用した内容です。

指導事項に関わって

　本単元は、説明的な文章を読んで、重要な語や文を読み取り、分かったことを伝えられるようになることをねらいとしている。文章全体を見ると、「なにが、どのように　かくれて　いる　のでしょうか。」という「問い」に対し、**3種類の海の生き物についての「答え」が列挙された構成**である。問いに対する答えとして、生き物ごとに3文で説明されている。いずれも、1文目で生き物と居場所が示され、2文目が体の特徴を、3文目が隠れ方を示している。こうした**「答え」の文から、重要な語や文を読み取らせたい**。また、**この3文によって、事柄の順序が分かりやすく説明されていることにも気づかせたい**。（※太字強調は筆者による）

　ここから授業での活動内容を以下の手順で考えていきます。

①**「問い」に対し、3種類の海の生き物についての「答え」が列挙された構成**になっているので、1種類ずつ「問い」と「答え」を押さえながら学習を進める。

②「答え」の文から、**重要な語や文を読み取らせる**活動を入れる。

③なぜ3種類とも**説明する事柄の順序**が同じなのか考えさせる。

④文章中に出てきた海の生き物で、本文から**重要な語や文を読み取って**ポケモンカードをつくる練習をする。

⑤自分がカードにしたい生き物を本から選んで、**重要な語や文を読み取ってポケモンカードを作成させる**。

⑥完成したカードを使って、友達に生き物の隠れ方を紹介する。

✅POINT

● まずは指導書をベースにしよう！
● 指導目標を達成できる授業プランを考えよう！
● 単元計画は子どもたちと一緒に考えても OK！

第 1 章　【授業のつくり方】残業時間ゼロで子どもたちがワクワクする授業をつくろう　35

ステップ⑥

評価するポイントを決める

ゴールと評価はセットで考える

▶ ゴールと評価するポイントはセットで示そう！

　評価に関しては、学習指導要領や指導書をもとに、子どもたちを見取るポイントを事前に確認しておくことが重要です。また、評価するポイントを事前に子どもたちに示しておくことも効果的です。

　たとえば「うみのいきものポケモンカードをつくろう！」では、「うみのいきものを説明する文を選んで書けているか」を意識してカードをつくるように事前に示しておきます。ただ単に「ポケモンカードをつくろう！」というゴールだけを掲げると、とにかくかっこいいカードをつくる子や、名前をつけるのに時間をかける子などがいろいろ出てくる可能性があります。それはそれで、カードとしては面白いかもしれませんが、**単元目標の達成とはズレてしまいます。そのため、あらかじめ評価するポイントを示し、子どもたちが目標からズレないようにすることが大切です**。評価をする際にも、事前に示したポイントを押さえられているかどうかをみて判断することができるので、評価しやすくなります。

　ゴールと一緒に評価するポイントをあわせて子どもたちに伝えられるように準備しておきましょう。

▶ 評価の材料を集めよう！

　活動的な授業になると、授業の中でクラス全員の考えや成果を見取ることはより難しくなります。そこで、子どもたちに自己評価させたり相互評価したりする機会を設けることをおすすめします。

　そのほか、ふりかえり表や役割表なども事前に用意しておき、評価の材料として記録させておくとよいでしょう。第4章では、評価に関してさらに詳しく載せていますので、そちらも参考にしてください。

▶「うみのかくれんぼ」の評価のポイントを考える

　授業の中身を計画することができたので、それをもとに評価するポイントを考えていきます。

①「問い」に対し、**3種類の海の生き物についての「答え」が列挙された構成**になっているので、1種類ずつ「問い」と「答え」を押さえながら学習を進める。
→問いは赤線、答えに青線を引かせる。（教科書）

②「答え」の文から、**重要な語や文を読み取らせる**活動をいれる。
→「答え」の文から、重要な語や文を読み取れているか確認する。
　（ノート）

③なぜ3種類とも説明する事柄の順序が同じなのか考えさせる。
→わかりやすく説明するために同じ事柄の順序になっているということに
　気づいているか確認する。
　（ノート）

④文章中に出てきた海の生き物で、本文から**重要な語や文を読み取って**ポケモンカードをつくる練習をする。
→本文から重要な語や文を読み取れているか確認する。
　（練習用のポケモンカード）

⑤自分がカードにしたい生き物を本から選んで、**重要な語や文を読み取ってカードを作成させる。**
→本に書かれてある文章から重要な語や文を読み取れているか確認する。
　（本番用のポケモンカード）

⑥完成したカードを使って、友達に生き物の隠れ方を紹介する。
→友達のポケモンカードの紹介を聞いた感想を書く & 発表。
　（感想アンケートフォーム）

✓POINT

- 事前にどこを評価するか伝えておく！
- 自己評価・相互評価を取り入れよう！
- ふりかえり表や役割表などを用意しておこう！

COLUMN ❶

目の前の子どもたちに合わせて修正！

子どもたちが取り組みやすくなるように軌道修正しよう！

　長期休暇中に前もって授業の準備を終わらせておくと、計画した内容を忘れてしまうことがあります。単元がスタートする前に、計画をさらっと見直し、1時間目のゴールの示し方や演出を考えておきましょう。

　また、長期休暇中に計画したときの子どもたちのイメージと、単元をスタートさせてからの子どもたちの様子が合わないこともあります。その場合は、今の子どもたちに合わせながら軌道修正を行うことも頭に入れておきましょう。たとえば、1人ずつ取り組ませようと思っていた「ごんぎつねのCMづくり」を、最近の様子を見て「グループで1つのCMをつくる」というように変更してもよいのです。

　また、思ったよりもゴールを高く設定してしまったなというときもあります。そんなときは、デジタルで取り組もうと思っていた活動をアナログに変更してもOKです。場合によっては「みんなは何がやりやすそう？」と問いかけ、教師も子どもたちも一緒にゴールを目指すのもよいでしょう。

　「せっかく時間をかけて計画したから」という思いは捨てて、あくまでも目の前の子どもたちに合わせながら軌道修正をすることがゴールへの近道です。

全員同じゴールではなく選択肢を与えよう！

　大きなゴールを設定すると、中にはゴールのハードルが高すぎてついていけない子がいる可能性もあります。そのようなときは、活動の様子を見ながらゴールの選択肢を与えるようにします。

　たとえば、「うみのいきものポケモンカードをつくろう！」の単元では、デジタルでもアナログの作成もOKです。それでも難しそうであれば、あらかじめ生き物の名前だけ空白にしたカードを作成しておき、その特徴の生き物は何かを考えて名前を追加して完成させる方法もあります。

　子どもたちは選択肢がいくつかあることで安心して授業に取り組むことができます。

第2章

▶ 実践事例

子どもたちがワクワクする
ゴール設定

国語3年 「食べ物のひみつを教えます」のワクワクゴール♪

食べ物のひみつ リーフレットをつくろう！

めあて 姿を変えて食品になる材料について、説明する文章を書く

▶ 人生初のリーフレットづくり！

3年生国語「食べ物のひみつを教えます」では、すがたを変えて食品になる材料について、説明する文章を書きます。

ただ、説明する文章を書くというゴールにすると、文章を書くことが苦手な子どもたちにとっては、しんどい課題となってしまいます。

そこで、「食べ物のひみつ」の最終ゴールとしてリーフレットづくりを設定します。リーフレットは画像などを用いることで、少ない情報量で伝えることができます。**「書くこと」が苦手な子どもの苦手意識も下げることができます。**

Canvaでつくった見本を見せれば、子どもたちも「やってみたい」と盛り上がります。

準備するもの
- ☐ 見本のリーフレット（Canvaで作成）
- ☐ 下書きテンプレート（Canvaで作成）
- ☐ 清書用テンプレート（Canvaで作成）
- ☐ 参考図書

下書き
テンプレート

清書用
テンプレート

下書きテンプレート　　　　下書き完成例

※下書きテンプレートには、手書き用、画像なしバージョンも収録しています。

子どもたちがつくりたくなるリーフレット！

テンプレートは教師が用意！

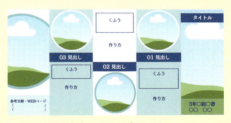

清書用テンプレート

リーフレットはゼロから作成すると時間がかかります。教師が用意したテンプレートを使って下書きしておけば、下書きの文章から清書用テンプレートに抜き出すだけで簡単にリーフレットが完成します！

Canvaで作成！

Canvaでは、ほしい素材のキーワードを検索するだけで、イラストや写真・動画などをたくさん見つけることができます！

> **✓ POINT**
> - 写真を添付することで文章を書くハードルを下げる！
> - 下書きテンプレートで教科書が読みやすくなる！
> - リーフレット作成は、初め・中・終わりに分けることができるので、説明文におすすめのゴール設定！

▶ こんなやり方でもOK！

①下書きは原稿用紙に書かせても OK！

　下書きテンプレートは、あくまでもリーフレットにつなげやすいように用意したものです。**そのため、原稿用紙に自分が調べた食べ物について説明する文章を書かせるようにしても OK です。**

　原稿用紙に書くことをゴールにすると、つまらないと感じる子もいると思いますが、その先にリーフレット作成があれば前向きに取り組んでくれるでしょう。

②完成したリーフレットを廊下に掲示！

　掲示したリーフレットを先生やほかのクラス・学年の子どもたちが見て、感想を記入できるようにしておきます。

　このようにすることで、子どもたちは授業で頑張って学習してきた達成感を味わうことができます。

　つくって終わりではなく、見てもらうためにつくるという意識で取り組ませることも、子どもたちをやる気にさせるポイントです。

鉛筆入れは、おりがみのカップを画鋲で貼り付け、付箋はクリップと画鋲で固定。
付箋にコメントを書いてもらい、リーフレットのそばに貼ってもらう。

▶ 授業を組み立てるときのコツ

「食べ物のひみつを教えます」の単元の前には「すがたをかえる大豆」の説明文を学習します。その説明文の書き方を生かして、自分たちでもほかの食べ物を調べ、説明する文章を書いていくことになります。

そのため、「すがたをかえる大豆」の導入時にリーフレットを作成することを伝え、そのために説明文を学習するという必然性を子どもたちに与えました。

ゴールがはっきりしているので、子どもたちは「どのように説明すると読み手がわかりやすいか」ということを意識しながら学習に取り組むことができました。

評価は、下書きの際に、学習した説明の工夫を生かして書けているかが重要になります。そのため繰り返しにはなりますが、リーフレットの完成度にこだわりません。

▶ ゴールを達成するための単元計画（全12時）

時数	主な学習活動
1	1．導入（リーフレットの見本を見せる） 2．学習の計画を立てる
2〜5	1．「すがたをかえる大豆」の文章全体の組み立てを考える 2．説明の順序や工夫について考える
6	1．食べ物のひみつを説明する文章を書くために、必要なことを考える
7	1．自分が調べたい材料を選ぶ 2．参考図書などで、どのような工夫で食品に変わっているかを調べる
8・9	1．下書きの構成を考える 2．下書きを書く
10・11	1．リーフレットを作成する ◀**GOAL!**
12	1．友達が作成したリーフレットを見て感想を伝える

※単元名：国分牧衛「すがたをかえる大豆」、「食べ物のひみつを教えます」
『国語三下』（光村図書、令和6年度版）

第2章 【実践事例】子どもたちがワクワクするゴール設定　43

国語4年 「ごんぎつね」のワクワクゴール♪

ごんぎつねの CMづくりをしよう！

めあて 情景などに着目して気持ちの変化を読み、考えたことを話し合う

▶ CMをつくるために教材を深掘りする子どもたち！

物語文は文章を深く理解し、自分の意見や感想を表現する力を養います。
実は CM づくりは物語文の単元を学習するのに、おすすめの活動です。

CM の特徴として、①「短い」、②「結末が気になる演出」などが挙げられます。**子どもたちには、1つの物語を CM サイズにまとめて伝える力が求められます。それこそが「要約する力」です。**

4年生では、文章を要約する指導も入ってくるので、その練習にもなります。

また、結末が気になるような演出をするためには、物語のクライマックスをしっかり理解する必要があります。物語のクライマックス、つまり登場人物の気持ちが大きく変化するタイミングです。

子どもたちは自然と、情景などに着目しながら、登場人物の気持ちの変化を考え、楽しみながら読みを深めていくことができます。

準備するもの
- [ ] 単元計画フォーマット（P.104 参照）
- [ ] CM の作成手順カード（必要に応じて）
- [ ] CM の見本（必要に応じて）

【CM作成手順】

●ロイロノート
①挿絵、画像、動画などを用意
②ロイロの音声機能で録音
③動画に書き出し

●iMovie
①挿絵、画像、動画などを用意
②iMovieで音声を収録・テロップの挿入
③動画に書き出し

左のような CM の作成手順カードは、子どもたちの実態によって作成してください。動画編集に使うアプリも子どもたちが使い慣れているアプリ、ロイロノートや iMovie に絞り、編集にあまり時間がかからないようにするとよいでしょう。

素材を集めて30秒〜1分のCMをつくろう！

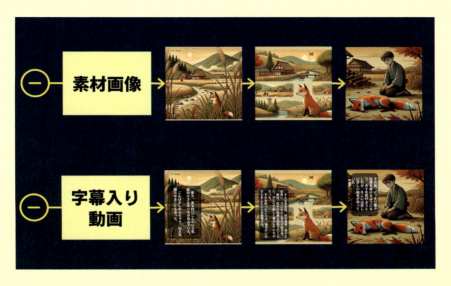

- 素材画像
- 字幕入り動画

素材画像はAIで生成できる！

この素材画像はChatGPTで生成したものです。Canvaのマジック生成でも一瞬にして画像を生成することができます（生成方法はP.99参照）。

素材画像をつなぎ合わせて1つの動画に！

初めから1本の動画としてCMをつくるのではなく、素材画像にそれぞれあらすじの字幕を入れたり、音声を録音したりしてCMを作成する方法もあります！

✅POINT

- CMの特徴を伝え、物語の深掘り、要約の必要性に気づかせる！
- 「3年生に向けて」など相手意識を高めればさらにやる気UP！
- CMのクオリティではなく目的が達成できているかを重視！

▶ 授業を組み立てるときのコツ

　この単元では、１時間目に子どもたちと学習計画を立てる活動を行いました。**最終的にCMをつくるために、何を学習するべきなのかを子どもたち自身に考えさせます。**以下のようなやりとりをしながら子どもたちの意見をひろいあげ、学習の計画を立てていきます。

T：「CMづくりをするために、まずは何が必要かな？」
C：「物語の内容をしっかりと理解しないといけない！」
　　（そのためには）→音読をする
T：「特に着目する点はあるかな？」
C：「ごんと兵十の関係！」
　　（どうすればわかる？）→叙述からごんと兵十の気持ちを読み取る
T：「どのあたりをCMにもってこようか？」
C：「最後のほう！」
　　（どうして？）→物語全体で大きな変化があるから

　このようなやりとりを通して、子どもたちは必要なことがより具体的になります。時間に余裕がある場合は、この学習計画を立てるところから個々に任せ、それぞれの進度で進めてもよいでしょう。
　評価に関しては、もちろんCMのクオリティではありません。本文をしっかりと読み取り、登場人物の気持ちを考えられているかどうかに着目します。そのため、CM原稿がしっかりと要点を捉えたうえで書かれているかを評価するようにしました。

▶ 子どもたちへの対応・声かけ

①深掘りせず、ピックアップする場面を決めている子どもに対して
T：「なぜこの場面をピックアップしようと思ったの？」
C：「なんとなく…、ごんの気持ちが変わった気がして…」
T：「何ページの何行目を読んでそう思ったの？」
→本文の叙述から読み取れているか確認することが必要です。そのうえで、CMに使う場面を決めさせるように声かけをします。

②動画編集にこだわり時間がかかっている子どもに対して

T：「あと１時間で終わるかな？　１番大事なところが伝わればいいね！」

C：「長くなりそうなので、少し内容を削ります！」

→要点がつかめていれば OK ということを再確認させます。教師はこの授業での目的を示すことが必要です。

ゴールを達成するための単元計画（全10時）

時数	主な学習活動
1	○導入（ごんぎつねの CM をつくることを伝える） １．学習計画を立てる ２．本文 CD を聞く ３．初発の感想を書く
2	１．音読をし物語全体の流れをつかむ
3	１．音読 ２．印象に残った場面や気になった表現を集める ３．全体で共有し読みを深める
4	１．音読 ２．ごんの気持ちがわかる叙述に赤線を引く ３．ごんの気持ちを本文の叙述から読み取る
5	１．音読 ２．兵十の気持ちがわかる叙述に赤線を引く ３．兵十の気持ちを本文の叙述から読み取る
6	１．音読 ２．物語全体で１番大きな変化がある箇所について読みを深める
7	１．CM に入れたい場面を決める ２．CM 原稿を書く
8・9	１．CM を作成する ２．完成した CM を提出する　　◀GOAL!
10	１．CM 発表会をする ２．ふりかえり

※単元名：新美南吉「ごんぎつね」『国語四下』（光村図書、令和６年度版）

ほかの授業アイデア

　タブレット操作が不安であれば、CM 作成ではなく「４コマ紙芝居」にするゴールもおすすめです。素材の画像さえあれば、安心して取り組めます。

国語5年　「この本、おすすめします」のワクワクゴール♪

推薦したい本のポップを作成しよう！

めあて　相手や目的を明確にして、推薦する文を書く

▶ 教科書が示す目標のその先を！

　5年生の国語科では「この本、おすすめします」の学習があります。相手や目的を明確にし、推薦文を書くことが目標となっています。

　もちろん教科書が示す推薦文を書く活動も行います。しかしそれをゴールにすると「また文章を書くのか…。好きな本なんてないし面白くないなあ…」と思ってしまう子もいるでしょう。

　そこで、今回は、推薦文のその先のゴールとして本を紹介する「ポップづくり」に挑戦することにしました。教師が Canva で作成した見本を子どもたちに単元の導入時に提示します。

　「文章を書く」というゴールに「ポップづくり」という目新しいゴールをプラスすることで子どもたちの興味・関心をひくことができました。

準備するもの

- [ ] ポップの見本（Canva で作成）
- [ ] ポップのテンプレート（Canva で作成）
- [ ] 構成を考えるワークシート
  （必要であれば）
- [ ] 下書き用紙
- [ ] 清書用紙
- [ ] 感想用紙またはアンケートフォーム
  （鑑賞会で使用。できればで OK）

ポップのテンプレート

> こうできた！ **推薦文をもとにして作成できるテンプレートを用意しておこう！**

つくるのが楽しくなるテンプレート！
Canvaにあるテンプレートに少し手を加えるだけで、かっこいいデザインのポップが作成できます！

もちろん手書きで作成してもOK！
子どもたちの実態に合わせて手書きで作成してもOK！

✓ POINT
- 推薦文は通過地点だと思わせることで、苦手意識を減らす！
- テンプレートを使って簡単にポップを作成できる！
- 図書室の前に掲示していろんな人に見てもらう！

▶ 授業を組み立てるときのコツ

①本を選択する時間を設ける

　導入時に、ポップづくりをすることを伝えます。すぐに推薦する本が決まらない場合は、次の授業までの宿題にするとよいでしょう。1週間程度本を選ぶ時間を与えてあげると安心です。

②鑑賞会を開く

　完成後には、クラスで「ポップ鑑賞会」を開き、お互いに感想を伝え合います。

③図書室前に掲示

　ほかの学年や先生にも見てもらえるように、図書室前などに掲示します。事前に許可を取っておきましょう。

　掲示する際には、感想を書くことができる用紙や付箋、アンケートフォームのQRコードなどを用意しておけば、ポップを見た人からフィードバックをもらうこともできます。

④評価に関して

　ポップづくりのクオリティではなく、学習したポイントをしっかり押さえて推薦文が書けているかを見取るようにしましょう。

▶ 国語×図工のコラボ授業にする！

　この単元では、推薦文を書く（国語）×ポップづくり（図工 or 総合）のコラボの授業としてもよいでしょう。

　単元計画を見ると「こんなにスムーズにいくかな？」と疑問に思われるかもしれません。推薦文の下書きに時間がかかることは大いにあり得ます。

　そんなときの解決方法が、ポップづくりは図工の時間を利用することです。

　終わらないからといって図工の時間を国語に変えてしまうと、子どもたちは、なんとなく気分が萎えてしまいます。

　子どもたちには何も言わず、図工の時間になったときに「ポップづくりをするよ」と言うと、なぜかそこまで気持ちはしんどくならないようです。

子どもにとってやることは同じでも、国語→勉強、図工→気分転換くらいに思っているかもしれませんね。

また、図工の授業にすることで、ポップづくりの指導をていねいに行うこともでき、子どもたちも安心して進めていくことができます。

この臨機応変に対応できることがコラボ授業のメリットの１つです。

⊙ ゴールを達成するための単元計画（全8時）

時数	主な学習活動
1	○導入（推薦したい本を選ぶ） １．ゴールを示す（見本のポップを見せる） ２．推薦したい本を選ぶ
2	○構成を考える １．教科書の例に推薦文の構成を学ぶ ２．自分が推薦する本の推薦文の構成を考える
3・4	○推薦文の下書きを書く １．下書きを書く ２．自分で読み直す ３．友達と交換して読み合い・修正する ４．教師に提出（教師が添削・評価しておく）
5	○推薦文の清書を書く １．教師が添削した下書きをもとに清書する ２．時間があればどのようなポップにするか考える
6・7	○ポップを作成する １．ポップを作成するときのポイントを解説　◀GOAL! ２．ポップを作成する
8	○ポップ鑑賞会・図書室前の廊下に掲示 １．友達のポップを見て感想を伝える ２．図書室前の廊下にポップを掲示しに行く

※単元名：「この本、おすすめします」『国語五』（光村図書、令和２年度版）

⊙ 授業をしたときの子どもたちの反応

実際に「ポップづくり」とゴールを聞いて全員がやる気になったわけではありませんでした。

高学年ともなると「ポップづくりすら面倒…」という子も少なからずいます。ただ、そういった子たちも完成させた後、ほかの人に感想をもらうことで喜んでいる姿が見られました。

第 **2** 章 　【実践事例】子どもたちがワクワクするゴール設定　51

国語6年 「海の命」のワクワクゴール♪

主人公になりきって自分の生き方を語るスライドを作成しよう!

めあて 登場人物の関係を捉え、人物の生き方について考えたことを話し合う

▶ 物語文は汎用可能なゴール設定にする

　6年生国語「海の命」では「登場人物の関係を捉え、人物の生き方について話し合おう」という単元目標が設定されています。

　そこで考えたのが「主人公になりきって自分の生き方を語るスライドを作成しよう」というゴール設定です。

　このゴール設定を示したことで、子どもたちは授業の中で主人公について自分に置き換えて考えるようになりました。

　周りの登場人物から影響を受けたことや、そのときの心境などを叙述から読み取り、スライドの原稿を書き上げました。

　「俺は太一。漁師の息子として生まれた」と、しっかり主人公になりきって、スライド動画を完成させました。

　スライド動画とはいえ、教科書の挿絵に自分の声を吹き込んで作成するだけなのでとても簡単です。タブレットの使い方に慣れていない子どもたちにでも行える内容です。**登場人物の気持ちの変化を読み取るような学習であれば、どの学年でも楽しく行えるゴール設定と言えるでしょう。**

準備するもの
- ☐ 教科書の挿絵
- ☐ 台本例（P.54 参照）
- ☐ 人間関係図カード（P.54 参照）

教科書の挿絵を事前に用意しておこう！

※画像はChatGPTで生成したイメージです。

録音ボタン（ロイロノート）
タブレットの「録音」をタップして音声を吹き込むだけ！ 何度も録り直しすることも可能！

どの挿絵にするか自分で選ぶ
教科書の挿絵をあらかじめ子どもたちのタブレットに送ります。子どもたちは自分の語りに合った挿絵を複数枚選んで録音するだけ！

✅ POINT
- 汎用可能な授業デザイン
- ミッション型授業（→P.108）でやる気 UP
- 教科書の挿絵を使ってスライド作成！

▶ 授業を組み立てるときのコツ

　今回の単元では、子どもたちが最終ゴールまで見通せるよう最初の段階で単元計画に活動内容をすべて提示しました（右図参照）。このような授業をミッション型授業と呼んでいます。ミッション型の授業に関しては108ページで解説しています。

　今回のゴールは「スライドをつくる」としましたが、教師が今回見取るところは、「登場人物の関係を捉えて、主人公の生き方について考えることができているか」です。原稿がしっかりと要点を捉えて書けているかをチェックするようにしました。

　ただ文章を書かせるだけの活動ではなく、スライド動画作成というゴールに向けて書く原稿であれば意欲的に取り組むようになります。

▶ 授業の工夫

①台本例

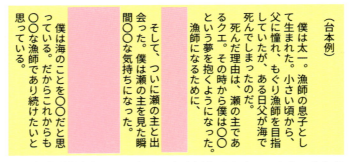

（台本例）
僕は太一。漁師の息子として生まれた。小さい頃から、父に憧れ、もぐり漁師を目指していたが、ある日父が海で死んでしまったのだ。死んだ理由は、瀬の主であるクエ。その時から僕は○○という夢を抱くようになる漁師になるために、

そして、ついに瀬の主と出会った。僕は瀬の主を見た瞬間○○な気持ちになった。

僕は海のことを○○だと思っている。だからこれからも○○な漁師であり続けたいと思っている。

台本作成が進まない子のために台本例を用意する。自分で文を考えて欲しい箇所には、ピンクのカードを入れておく。

②人間関係図カード

用意したカードをそれぞれ配置し、人物の関係性を考えて書きこませる。

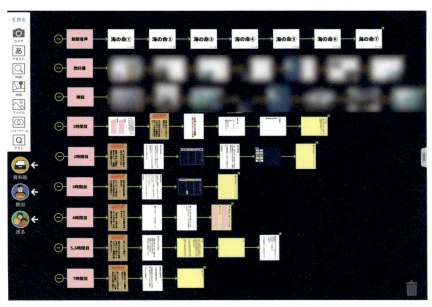

ロイロノートで作成した単元計画ノート

▶ ゴールを達成するための単元計画（全7時）

時数	主な学習活動
1	1．導入（単元のゴールを伝える） 2．単元計画を確認する 3．本文音声CDを聞く 4．初発の感想を書く
2	1．グループで音読 2．登場人物の人間関係図を考える
3	1．グループで音読 2．太一にとって瀬の主がどのような存在なのか考える
4	1．グループで音読 2．題名「海の命」が表すものについて考える
5・6	1．太一になりきって、自分の生き方を語る台本を作成する　◀GOAL! 2．音声を録音しスライド動画を作成する
7	1．友達の動画を見てよくわかったことや考えたことを書き出す 2．単元のふりかえり

※単元名：立松和平「海の命」『国語六』（光村図書、令和6年度版）

第2章 【実践事例】子どもたちがワクワクするゴール設定　55

> 算数1年　「10までのたし算・ひき算」のワクワクゴール♪

10までのたし算・ひき算　トランプ大会を開こう！

> めあて　10までのたし算・ひき算の練習をする

▶ トランプがクラスで大流行り！

　1年生の1学期では「10までのたし算」「10までのひき算」を学習します。数字を習ったばかりの1年生にとっては少なくとも「簡単だ」と言える内容ではありません。ここでつまずくと算数嫌いになってしまう可能性もあります。

　1年生なのでとにかく楽しみながら学習に取り組んでもらうため「たし算とひき算の学習の最後にはトランプ大会を開くから、みんな算数頑張ろうねー！」と伝えました。また、全員に10までのたし算・ひき算表を渡しておくと、まだたし算・ひき算を覚えていない子どもたちも安心してゲームに取り組めます。

　休み時間にもいくつものグループが自主的にたし算・ひき算トランプを実施し、ねらい通り楽しんで学習していました。1年生にとって初めてのグループ活動ですが、グループのメンバーを頻繁に変更しながら行うと、いろんな友達と交流することができ、仲が深まっていきます。

> 準備するもの
>
> ☐ トランプ（グループ分）
> ☐ たし算・ひき算表（参考：「ぷりんときっず」https://print-kids.net/print/poster/）
> ☐ ルール表

 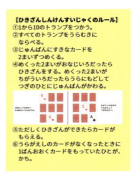

ルール表の見本

子どもたちの仲が深まる初めてのグループ活動！

たし算ババ抜き

① 1から9のトランプとジョーカーを使用し、見えないように裏返してそれぞれに配ります。
② 自分のカードを見て、2枚合わせて10になっていたらその2枚を場に捨てることができます。
③ 捨てるときは、横並びにして「2と8で10」のように答えながら捨てます。
④ 全員が捨て終わったら、通常のババ抜きと同じように隣の人から1枚引き、10になったら捨てていきます。最後にジョーカーを持っていた人が負けとなります。

ひき算神経衰弱

① 1から10のトランプを使用します。
② 神経衰弱と同様にトランプを裏向きに並べます。
③ 順番に好きなカードを2枚ずつめくります。
④ めくった2枚ともが同色（赤赤、黒黒）だった場合に大きい数から小さい数を引くひき算をします。
⑤ 正しい答えが言えたらそのカードをもらうことができます。
　※赤、黒1枚ずつの場合は何もせずに裏返しで戻します。
⑥ 場にカードがなくなったときにカードが1番多かった人の勝ちです。

✅ POINT

- 誰でも取り組めるシンプルなルールにする！
- 休み時間や家でも練習できるような活動！
- トランプを通して子どもたちの関係もよくなる！

算数4年 「わり算の筆算」のワクワクゴール♪
筆算の解説動画を作成しよう！【わり算】

めあて 筆算のやり方を理解できるようにする

▶「覚える」から「教える」活動にシフトチェンジ！

　わり算の筆算は「①たてる→②かける→③ひく→④おろす」、この4つの工程を正確な順番で行う必要があります。正しい知識を身につけるために「覚える」ことは必要です。しかし子どもたちにとって、目的がぼんやりしていると覚える行為は苦痛となってしまいます。

　そこで、わり算の筆算を習得するために、ゴールを「筆算を覚えよう」から「筆算を教えよう」に変えることにしました。

　その手立てとして、教師があらかじめ用意した「筆算の動画」に子どもたちが「①たてる→②かける→③ひく→④おろす」をアフレコする形で動画作成を行いました。また、子どもによっては1から自分で動画を作成する様子も見られました。

　対象者に教えるためには、自分がうろ覚えではできません。まずは自分が正確に覚える必要があります。子どもたちは「筆算のやり方を覚える必要がある！」と認識しました。

　たったそれだけで覚えることを楽しんで取り組むようになりました。

準備するもの
- 動画作成に使用する素材
（動画の参考例：「3　わり算のしかたを考えよう」『新編　新しい算数4上』（東京書籍、令和6年度版））

Keynoteで作成した素材
（ダウンロード方法はP.12をご参照ください）

音声だけでもOKにすると、動画編集スキルがなくても安心！

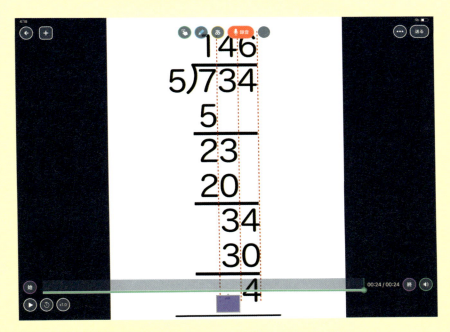

素材動画を用意する
１時間の活動で動画が完成するように、あらかじめ教師が素材動画を作成しておくと安心！　作成した素材動画を子どもたちに共有します。

音声を録音するだけ
子どもたちは用意した動画に合わせて、筆算のやり方を解説し、音声を録音すれば動画が完成します。

✅POINT
- インプット（覚える）からアウトプット（教える）でやる気アップ！
- 動画素材を用意しておく！
- 友達がつくった動画を見て楽しく学べる！

▶ ほかの動画作成方法

①正しくカードを並び替えて動画作成

　ロイロノートで筆算の工程をバラバラにしたカードを用意し、順番を正しく並び替える活動を入れます。その後、筆算のやり方を説明する音声を録音して動画を作成します。

②書いているところを撮影して動画撮影

　ペアで取り組む活動です。1人がノートやタブレットに筆算を書きながら解説し、もう1人が撮影する方法です。この方法であれば、編集が不要なのと、ペアで正しく解説できているかを確認しながら行うことができます。

③3年生へ向けた解説動画作成

　動画を作成する対象を3年生などの下級生に設定すると、さらにわかりやすく筆算のやり方を説明しようとするようになります。

▶ 授業を組み立てるときのコツ

　今回の単元では、ゴールとなる動画作成を3回設定しました。その理由としては、次のようにやり方に違いがあるからです。

　1回目：あまりのないわり算
　2回目：あまりのあるわり算（百の位からわる）
　3回目：あまりのあるわり算（十の位からわる）

　授業で3回も動画作成を行う時間を確保できない場合は、単元末の1時間にまとめて作成するか、1回を学校で行い、後は宿題に出すという方法もあります。

▶ ゴールを達成するための単元計画（全11時）

時数	主な学習活動
1	1．導入（解説動画を作成することを伝える） 2．立式し、その式になる理由を考える 3．80÷4の計算の仕方を考える 4．600÷3の計算の仕方を考える　　5．計算練習をする
2	1．問題場面から数量の関係を捉え、立式する 2．72÷3の計算の仕方を考える
3	1．72÷3の筆算の仕方を考え、解説動画を作成する　◀GOAL! 2．作成した動画を見せ合う 3．72÷3の答えの確かめをする　　4．計算練習をする
4	1．問題場面から数量の関係を捉え、立式する 2．76÷3の筆算の仕方を考える 3．76÷3の答えの確かめをする　　4．計算練習をする
5	1．86÷4、62÷3の筆算の仕方を考える 2．計算練習をする 3．3年で既習の34÷7を筆算で計算する　　4．計算練習をする
6	1．問題場面から数量の関係を捉え、立式する 2．734÷5の筆算の仕方を考え、解説動画を作成する　◀GOAL! 3．作成した動画を見せ合う 4．734÷5の答えの確かめをする　　5．計算練習をする
7	1．843÷4、619÷3の筆算の仕方を考える 2．計算練習をする
8	1．問題場面から数量の関係を捉え、立式する 2．256÷4の筆算の仕方を考え、解説動画を作成する　◀GOAL! 3．作成した動画を見せ合う 4．256÷4の答えの確かめをする　　5．計算練習をする
9	1．74÷2の暗算の仕方を考える 2．暗算の練習をする 3．740÷2の暗算の仕方を考える　　4．暗算の練習をする
10	1．「いかしてみよう」に取り組む
11	1．「たしかめよう」に取り組む

※単元名：「3．わり算のしかたを考えよう」『新編 新しい算数 4上』（東京書籍、令和6年度版）

生活1年 「あさがおの観察」のワクワクゴール♪
あさがおの成長記録をスライドで作成しよう！

めあて 植物の変化や成長を観察する

▶ タブレット導入期でも簡単に使え楽しく活動できる！

　1年生の生活科ではあさがおの成長を記録していく学習があります。「後から何度でも見返したくなるようにしたい！」と思って実践したのが、この「あさがお成長記録スライド」の作成です。

　子どもたちは、あさがおを撮影し「見た感じ」「触った感じ」「におい」「大きさ」「思ったこと」などを言葉で表し、録音します。**1年生の初期段階では、文字や文を書くことに得意な子と不得意な子に差があるため、録音にするとみんなが安心して学習に取り組むことができます。**子どもたちも自分が話した言葉が録音されているだけで「すごーい！」と大喜び。ロイロノートでは、録音された写真をつなぎ、1つのスライドにまとめることができます。最後に成長記録のスライドをふりかえりに使用しました。

準備するもの
- [ ] 観察用紙
- [ ] 観察のポイントを示すカード

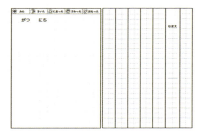

観察用紙

観察のポイントを示すカード例

ロイロノートのカードをつなげて成長記録スライドが完成!

長くなり過ぎないように
見た目、大きさ、思ったこと、触った感じなど、ポイントを絞って短く話すように音声を録音させます。

子どもたちが主体的になる
写真を撮るだけで作成できるので、子どもたちは楽しく継続的に取り組むことができます。毎日成長を楽しみにしながら水やりをするようになります！

✓POINT
- 日々の記録が1つのスライドになるという達成感が味わえる！
- タブレットの使い方やルールについてしっかりと押さえよう！
- 録音する項目（見た目、大きさなど）を示す

▶ 授業を組み立てるときのコツ

　この単元は、タブレットの使い方に慣れさせることも1つの目的として計画しました。**導入期は、操作一つひとつに時間がかかるので、丁寧な指導が必要です。**また、「使わないときは開かない」「置く場所は机の右上」などルールをていねいに確認しながら行います。

　1時間目は「写真を撮る活動」だけ。2時間目は「種まき」。3時間目は、写真を撮ってから「観察用紙に絵を描く活動」。4時間目は「タブレットで気づいたことを録音する」といったように、一つひとつの活動を1時間ごとにわけて行います。

　4時間目以降は、「写真を撮る→観察用紙を作成→タブレットで録音」をワンセットで進めていきます。文章を書くことが難しい子どもも、録音するときには気づいたことを楽しく話している姿がありました。

　今回は、観察用紙に絵と文章で記録、タブレットにも写真と音声で記録という2つの方法を用いました。単元の目的や実態に合わせて、どちらかにしてもよいでしょう。

　最後のスライド鑑賞会では、友達の作品を楽しむだけでなく、ふりかえりも兼ねます。そうすることで子どもたちの学習への意欲を持続させることができます。

▶ 子どもたちへの対応・声かけポイント

①タブレットで写真を撮る方法を説明するとき

T：「ロイロノートを開きます！　写真を撮ります！　自分のロイロノートに写真をゲットします！　あさがおの種ゲットだぜ！」

C：「おー！すごいすごい!!　やってみたい！」

→タブレット導入期は1年生にとって何もかもが新鮮です。このように指示は短く、言葉の表現を少し工夫するだけで、子どもたちの「やってみたい！」を高めることができます。

②「つるが伸びていた」と記入している子どもに対して

T：「どれくらい伸びていたの？　体の高さだと、どれくらい？」

C：「肩の高さくらい！」

T：「じゃあ『私の肩の高さくらい伸びていました』って書くとわかりやす

いね！」

→観察したものを具体的に表現できるようなヒントを与えましょう。

▶ ゴールを達成するための単元計画（全9時）

時数	主な学習活動
1	○単元の導入（あさがおの種の観察） 　1．成長記録を作成することを告知 　2．タブレットで写真を撮る練習をする 　3．あさがおの種を撮影する 　4．写真を見ながら観察用紙に絵を描く 　5．観察用紙を提出する
2	○種まき 　1．種のまき方や世話の方法を学ぶ 　2．植木鉢に土を入れ、種をまく 　3．水やりをする
3	○観察用紙に記録する 　1．成長したあさがおをタブレットで撮影する 　2．写真を見ながら観察用紙に絵を描く 　3．気づいたことを観察用紙に書く 　4．観察用紙を提出する
4	○タブレットで録音 　1．前時に撮影したあさがおの写真に音声を録音する 　2．録音した記録カードをロイロノートで提出する
5～8	○観察用紙に記録・タブレットで録音 　1．成長したあさがおをタブレットで撮影する 　2．写真を見ながら観察用紙に絵を描く 　3．気づいたことを観察用紙に書く 　4．観察用紙を提出する 　5．撮影したあさがおの写真に音声を録音する 　6．録音した記録カードをロイロノートで提出する
9	○語録カードをつなげ、スライドにする 　1．ロイロノート内に保存してある記録カードを1つにつなげる 　2．スライドを提出する 　3．完成したスライドの鑑賞会、ふりかえり　　◀**GOAL!**

※単元名：「わたしのはなをそだてよう」『わくわくせいかつ上』（啓林館、令和6年度用）

理科3年 「じしゃくのふしぎ」のワクワクゴール♪

マグネット フェスティバルを開こう！

めあて 磁石を使った遊びを通して、磁石の働きや性質について考える

▶ フェステバルに向けて熱中する子どもたち！

３年生理科「じしゃくのふしぎ」のゴール設定を「マグネットフェスティバル」としました。

最初にこれを聞いた子どもたちは「なにそれ？？？」という反応でしたが、「磁石を使った遊びをいろいろ考えて１年生を招待したら面白そうじゃない？」と伝えると、イメージができたようで目の色が変わり、子どもたちの心に火がつきました。

フェスティバル当日まで、グループで磁石の性質を生かしながら試行錯誤して準備する姿がとても素敵でした。

また、遊びをグループで考えさせるときには、２学期に国語の授業で行った「はんで意見をまとめよう」の学習を生かして話し合いを行いました。

このように、ほかの場面で以前の学習が生かせるように、つながりをもたせながら指導するとよいでしょう。

フェスティバル当日には、１年生に対して優しく接する頼もしい姿も見ることができ、まさに子どもたちが成長した瞬間でした。

準備するもの

〈磁石宝探し〉
- ☐ 磁石セット
- ☐ 箱
- ☐ 折り紙
- ☐ 鉄製の宝物（クリップなど）
- ☐ 割り箸

〈磁石迷路〉
- ☐ 磁石セット
- ☐ ダンボールや厚紙
- ☐ 紙コップ
- ☐ 小さな球やコマ
- ☐ 割り箸

〈磁石魚釣り〉
- ☐ 磁石セット
- ☐ 模造紙
- ☐ 釣り竿
- ☐ 紙やプラスチックの魚
- ☐ クリップ

遊びを説明しながら磁石の性質を理解する

磁石宝探し
磁石を使って隠された鉄製の宝物を探す。

磁石魚釣り
魚の形をしたカードを床や机にばらまき、磁石をつけた釣り竿で釣る。

磁石迷路
迷路の下から磁石を動かして球やコマをゴールまで運ぶ。

グループごとにブースを用意

それぞれのブースに画用紙でつくった看板などを設置することで、本当のお祭りのような楽しい空間が出来上がります。

役割分担をする子どもたち

「宣伝」「ルール説明」「ゲームのアイテムを渡す」など、グループ内で必要な役割を考えながら取り組ませます。

> ✅ **POINT**
> - 磁石の性質を遊びに利用することで、楽しみながら学べる！
> - １年生を招待することでさらにモチベーションアップ！
> - 試行錯誤しながら新しいことに挑戦する経験を！

> **理科3年**　「こん虫のかんさつ」のワクワクゴール♪

昆虫の体のつくりを観察しクラスで昆虫図鑑をつくろう！

めあて　昆虫のすみかや体のつくり、育ち方について調べたことをまとめる

▶ クラスのオリジナル昆虫図鑑は永久保存版！

　オリジナルの昆虫図鑑をつくるというゴール設定を子どもたちに伝えると「え！　自分たちで図鑑をつくるの！」と、かなりの食いつきでした。子どもたちはそれぞれ違う昆虫を調べることにし、実際に校庭へ出て昆虫を観察しました。

　この単元では、昆虫の体のつくりを押さえることが目的です。**子どもたちは図鑑をつくるという大きなゴールがあるため「正確な情報をのせたい」という意識で、ていねいに調べることができました。**そのなかで自然と昆虫の体のつくりについて理解を深めることができました。

　そして「〇〇小学校にいる昆虫図鑑」と命名し、この世に一冊しかない本を完成させました。完成後は、いろんな人に読んでもらいたいという子どもたちの発案で、図書室に寄贈することになりました。

準備するもの
- ☐ 参考図書（昆虫図鑑など）
- ☐ 図鑑ページテンプレート（Canvaで作成）

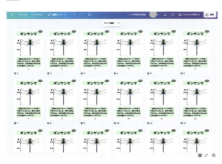

子どもたちにテンプレートを共有（P.71参照）し、担当ページを割り振り、自分が調べた昆虫のページを完成させる。

図鑑ページテンプレート

 **子どもたちがつくったとは思えないほどのクオリティ！**

ギンヤンマ

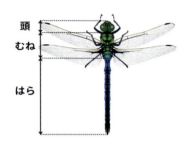

校庭にあるビオトープの近くで飛んでいました。頭から尾までは7cm、はねの長さは5cmほどの大型のトンボです。

1

カブトムシ

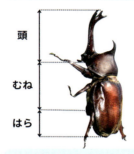

校庭にあるクヌギの木にとまっていました。
　オスの全長は大きい個体では80mmにもなります。

2

Canvaの背景透過機能を使用
写真に撮った昆虫をテンプレートに挿入した後、「背景透過機能」を使うと昆虫のみを切り抜くことができます。

テンプレートを用意！
誰でも簡単につくれるテンプレートを用意しておくと活動がスムーズに！

> ✅ **POINT**
> - デジタルでもアナログでも作成可能！
> - クラスの実態に合わせて調べるポイントを絞る！
> - 完成後にいろんな人に見てもらえる機会を確保することでさらにやる気アップ！

▶ 授業を組み立てるときのコツ

　3年生理科「こん虫のかんさつ」では、昆虫のすみか、体のつくり、育ち方の3つについて学習します。

　ただし、配当時間は4時間と短いため、図鑑づくりとなると時間が足りないかもしれません。ほかの単元で調整するか、総合的な学習の時間と掛け合わせて作成する方法もよいでしょう。

　図鑑は子どもたちも一度は目にしたことがあると思うので、完成のイメージもつきやすくスムーズに取り組むことができます。

　もちろん1人につき1種類の昆虫を担当できればよいですが、校庭で人数分の種類を見つけることは容易ではありません。そのような場合は「1人、もしくは2人で1匹の昆虫を調べる」ようにするとよいでしょう。

　また、図鑑の作成であれば、タブレットにこだわることなく、画用紙などアナログで作成してもよいでしょう。

▶ 子どもたちへの対応・声かけポイント

①昆虫ではない生き物を調べようとしている子どもに対して

T：「Aさん、クモは本当に昆虫かな？　昆虫の体のつくりってどうなっていたかな？」

C：「昆虫は、むねに足が6本…あ、じゃあクモは昆虫じゃない！」

②同じ昆虫を調べたがっている子どもたちに対して

T：「2人で一緒につくるのはどう？」

C：「1人でつくりたいです！」

T：「そっか！　じゃあそれぞれで同じ昆虫を担当してもいいよ！　たくさん調べてよいページにしてね！　楽しみにしています！」

→今回の単元では、あくまでゴール設定に図鑑作成を掲げているだけで、本来は昆虫について詳しく学習することが目的です。できればそれぞれ違う昆虫を担当したほうが図鑑としての読み応えはあるかもしれません。

　ただ、「やりたい！」と思った昆虫を担当するほうが意欲的に取り組むことは間違いありません。図鑑の完成度にこだわり過ぎず、本来の目的を達成することが重要です。

▶ ゴールを達成するための単元計画（全4時）

時数	主な学習活動
1	1．導入（図鑑の見本を見せる） 2．どこに行けば昆虫が見つかるか見当をつける。 　校庭に出て昆虫を探しに行く（タブレット持参） 3．自分が見つけた昆虫について調べる
2	1．昆虫の体のつくりを調べる 2．図鑑作成
3	1．昆虫の育ちについて学習する 2．図鑑作成の続き
4	1．図鑑を完成させる　　　　　　　　　　　◀GOAL!

※単元名：「こん虫のかんさつ」『わくわく理科3』（啓林館、令和6年度用）

▶ Canvaの図鑑ページを子どもたちに共有する方法

①「図鑑ページ」の編集画面を開き「共有」をタップ

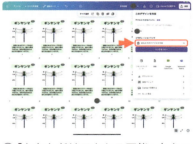

②「あなただけアクセス可能」をタップ

③「リンクを知っている全員」を選択

④リンクをコピーし、QRコード化するなどして子どもたちに共有

> 理科3年 「かげと太陽」のワクワクゴール♪

アニメーションを使って太陽を正しく動かそう！

めあて かげのでき方や太陽の動き方を理解する

▶ 自分で動かすから、理解できる！

　３年生理科「かげと太陽」では、かげのでき方や太陽の動きなどを学習します。**実際にかげや太陽がリアルタイムで動いているところを見ることはできないため、イメージがつきにくい子も多い単元です。**また、実験も天候や時間割によってうまく実施できないこともあります。

　そこで思いついたのが「わかりにくいならアニメーションで太陽を自分で動かしてみたらいいんじゃない？」ということでした。

　実際にアニメーション機能を使って太陽を動かすと、太陽の動きとかげの関係性について気付くことがたくさんありました。ここではKeynoteで作成しましたが、同様にほかのアプリで作成することもできます。

準備するもの
☐ スライド見本（keynoteで作成）

Keynoteで作成した
スライド見本
（ダウンロードの方法は
P.12をご参照ください）

こうできた！ 子どもたちの実態に合わせて事前にスライドを用意するとスムーズ！

アニメーションは自分で追加！
太陽がどのように動くかを子どもたちに考えさせ、子どもたち自身にアニメーションを追加させます。

スライドを使って説明！
完成したスライドを使って、太陽の動きを説明する活動を取り入れることで、さらに理解度アップが期待できます！

✓ POINT
- 可視化させて理解を深める！
- アニメーション（P.74で解説）で太陽を自由に動かすことができる！
- スライドを使うと太陽の動きも説明しやすい！

▶ Keynoteのアニメーションを追加する操作手順

①

「+」→ ❶「シェイプ」→「自然」→ ❷太陽の図形をタップ

②

❶「はけ」→ ❷お好みのカラーをタップ

③

太陽の位置を画面左下に移動し、❶「…」→ ❷「アニメーション」をタップ

④

「アクションを追加」をタップ

⑤

「パスを作成」をタップ

⑥

太陽を選択しながら経路を描く

▶ 授業を組み立てるときのコツ

　実際の授業では、第5時にアニメーションを追加する活動を行いました。子どもたちの実態や授業の進度によって、最後の時間に取り組むようにしてもよいでしょう。

　またアニメーション機能を初めて使う場合は、事前にほかの時間で1度使わせておくと、教師も子どたちも安心です。

　アニメーションを追加した後は、言葉で太陽やかげの動きについて説明できるようにして、発表させる活動も取り入れてみましょう。言葉だけで説明することは難しいですが、スライドがあることで、発表しやすくなります。

　教師は発表の際に、子どもたちが正しくアニメーションを追加・説明できているか確認しておきましょう。

▶ ゴールを達成するための単元計画（全7時）

時数	主な学習活動
1	1．導入（アニメーション機能を紹介する） 2．学習の計画を立てる
2	1．かげつなぎやかげ踏み遊びをして、気づいたこと、疑問に思ったことを話し合う
3	1．かげがどんなところにできるか考える 2．実験
4	1．なぜかげの向きが変わるのか考える 2．実験
5	1．太陽をアニメーションで動かしてみる 2．太陽の動きを説明する　　◀**GOAL!**
6	1．日なたと日かげの地面の様子の違いについて考える 2．実験
7	1．ふりかえり

※単元名：「かげと太陽」『わくわく理科3』（啓林館、令和6年度用）

第**2**章　【実践事例】子どもたちがワクワクするゴール設定　75

社会6年 「歴史の学習」のワクワクゴール♪

歴史上の人物になりきってショート動画を撮ろう!

めあて 歴史上の人物の特徴、その時代に起きたことを理解する

▶ 子どもたちの創意工夫は教師の想像を越える!

　歴史の学習は教科書の内容をなぞるだけ。**それだけでは授業はマンネリ化し、子どもたちも受け身になりちっとも楽しくありません。**

　そこで思いついたのが、「歴史上の人物になり切ってショート動画を撮る」というゴール設定です。イメージは NHK for School の「歴史にどきり」。4、5 人のグループに分かれて撮影します。

　子どもたちは、歴史上の人物になりきるため、教科書はもちろん、参考資料をもとに当時の様子など細かいところまで調べて再現していました。また「信長って、こんなことを言うんだから気が強そうな人だよね」「ペリーはどのようにして幕府と交渉したんだろう」など、子どもたちは意見交換をしながら想像をふくらませていました。

事前準備
☐ ショート動画にするテーマを決める（グループの数）
☐ 撮影場所（特別教室など）を確保する

- 織田信長(P124-131)
- 豊臣秀吉(P132-133)
- 徳川家康(P134-135)
- 江戸幕府と大名、徳川家光(P138-141)
- 江戸幕府の暮らしと身分(P142-143)
- 鎖国について(P144-147)
- 江戸時代の文化(P150-161)
- 明治時代、ペリー(P166-169)

ショート動画にするテーマ

動画作成の流れ
①教科書や資料集を読み、大事なところや取り上げたいところをピックアップする。
②役割を決めてそれぞれの準備をする。
③撮影・編集

役割
脚本家（台本づくり）
演者
ナレーション
カメラマン
動画編集　など

動画作成の流れ

子どもたちの創意工夫がたっぷり詰まった歴史動画に！

1562　織田信長と同盟を結ぶ

1582　本能寺の変

1600　関ケ原の戦いに勝利

1603　征夷大将軍になる

小道具を作成！
歴史上の人物になりきるため、新聞紙などで刀やちょんまげなどをつくれば、より再現性を高められます！

セリフを調べて話し方も工夫！
歴史上の人物が残した名言などを調べ、人物イメージに合った話し方を工夫するとさらにリアル感が増します！

POINT
- 受動から能動で歴史が学びたくなる
- グループで楽しく取り組める活動！
- それぞれが作成した動画を授業の導入で活用！

▶ 授業を組み立てるときのコツ

①予習として動画作成に取り組ませる

　今回の単元は、**本来２学期で行う内容を、１学期の終わりに先取りし、ショート動画を作成しました。そして２学期に、作成した動画を導入として使い、歴史の授業を進めました。**

　すでに担当したテーマは理解が深まっているので、授業に躍動感が出ました。また、ショート動画にハマった子どもたちは動画制作会社の会社活動を立ち上げました。それ以降の授業範囲の動画を、休み時間などを使って自主的に作成し、ますます歴史の授業にのめり込んでいきました。作成した動画を授業の導入で使うことで興味を高めることにもつながりました。

②歴史まんがを参考に

　教科書やWEBサイトからの情報だけではイメージできない子どもたちには、図書室に置いてあった歴史のまんがを参考にするようすすめました。

　その中から、動画にしたら面白いところやみんなに伝わりやすいところを選んで、撮影していました。

③自己評価シートを用意する

　今後の活動に活かすため、自己評価シートを用意しておき、ふりかえらせるようにすると効果的です。

〈自己評価シート〉

　あてはまる項目にチェックを入れましょう。

☐ 歴史上の人物に関するリサーチをしっかり行えた。
☐ 歴史上の人物の特徴を正しく表現できた。
☐ 歴史上の人物や歴史的背景について理解が深まった。
☐ 演技や表現力に工夫を凝らすことができた。
☐ グループでの協力や役割分担がうまくできた。
☐ 撮影や編集の技術に工夫を凝らした。

▶ 子どもたちへの対応・声かけポイント

①セリフに困っているグループに対して

C：「先生、WEBでいろいろ調べているんですけど、セリフとかは出てき

ません…」

T：「ナレーターとして、教科書に載っている大事なところを読むのもいいですよ！」

→すべての人物が有名なセリフを残しているわけではありません。セリフにこだわり過ぎず、あくまでも重要なところを深掘りできるように促します。

②人物や事柄の特徴を深く理解できていないグループに対して

C：「誰でも自由に商売していいよー！って言ってるね。そのまま台本に書けばいいんじゃない？」

T：「織田信長はなんでそんなことをしたのかな？　信長の考えや性格なんかも調べたり想像したりしても面白いですよ〜！」

→深掘りしてほしいところについて質問してみるとよいでしょう。

▶ ゴールを達成するための単元計画（全7時）

時数	主な学習活動
1	○導入（ショート動画を撮ることを伝える） ○テーマ・役割決め 　1．テーマを提示 　2．グループでどのショート動画を撮りたいか決める 　3．教科書や資料集、WEB サイトから大事なところや取り上げたい内容をピックアップする 　　→集めた材料は、ロイロノートに追加しておく（P.99 参照） 　4．グループごとに役割を決めさせる
2	○材料集め・撮影準備 　1．前時にうまく進めていたグループを紹介（5 分程度） 　2．グループごとに材料集め
3	○材料集め・撮影 　1．編集パターンの提案（次ページで解説） 　2．材料集め 　3．撮影 　　→黒板にどのグループがどこで撮影するのかを書いてから撮影に行く
4〜6	○撮影・編集　　　　　　　　　　　◀GOAL!
7	○上映会 　1．ランチルームや体育館などスクリーンがあるところがおすすめ

※単元名：「全国統一への動き」「幕府の政治と人々の暮らし」『小学社会6』（教育出版、令和6年度版）

社会6年　「歴史の学習」のワクワクゴール♪

歴史すごろくを作成しよう！

めあて すごろく作成を通して、時代の流れをつかむ

▶ 楽しく復習！　時代の流れを完璧に覚えられる！

　どの世代、どの学年でも楽しめるすごろく。これを歴史の学習をしながら、自分たちで作成するというゴール設定です。授業開始30分は教科書をベースに学習し、残りの15分を使ってすごろくを作成します。これをワンセットで行います。

　子どもたちは、歴史上のどの出来事をマス目に追加しようか考えるので、聞き漏らすことのないよう授業に集中するようになります。単元の学習がすべて終わる頃に、すごろくを完成させ、最後はグループですごろくを楽しみながら、時代の流れを復習します。

事前準備

☐ すごろくのテンプレートをダウンロードし、全員に共有

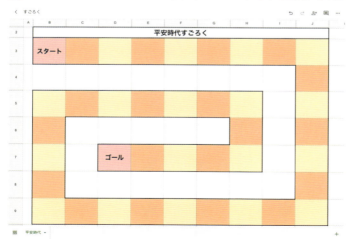

すごろくの
テンプレート
（Google スプレッドシートで作成。ダウンロードの方法は P.12 をご参照ください）

出来上がったすごろくで遊びながら歴史を復習！

江戸時代すごろく

スタート	1603年 徳川家康が江戸幕府を開く 5マス進む		武士・百姓・町人などの身分制度が強まる 2マス戻る	参勤交代の制度が定められる 1回休み
	寺子屋や藩校が多く作られる 1マス進む	一揆や打ちこわしが激しくなる 6マス戻る		
蘭学・国学など新しい学問が起こる 2マス進む			1853年 ペリーが浦賀に来る 1回休み	
	ゴール	徳川慶喜が政権を朝廷に返す 5マス戻る	日米修好通商条約を結ぶ 1回休み	1637年 島原・天草一揆が起きる 3マス戻る
各地で新田の開発が行われる 2マス進む	町人の文化が栄える サイコロをもう1回振る		1641年 鎖国が完成する 1回休み	

時代の流れを意識する

すごろくを作成するために出来事の前後に起きたことを調べたり、時代の流れを意識したりするようになります。

出来事の影響力を深掘りする

「武士による反乱は大きな出来事だから５マス進む」など、その出来事が、どれくらいの影響を及ぼしたのかなども深掘りして考えるようになります。

✅POINT
- 時代の流れを意識できる！
- 授業とすごろく作成はワンセットで！
- すごろくで遊びながら復習できる！

▶ すごろく作成にあたって

　**子どもたちの実態に合わせてあらかじめいくつかのルールを決めておく
とスムーズに進みます**。以下は、子どもたちと相談しながら実際に導入し
たルールです。
　①出来事が起きた年が前後しないようにする
　②引用元をはっきりさせておく
　③マスのイベントをあらかじめ指定
　　例：「進む系は３つまで」「１回休みは１つ」「スタートへ戻るはなし」

▶ すごろく完成後のアンケート

　すごろくが完成した後、それぞれが作成したすごろくをロイロノートに
提出させ、全員が見れるようにし、以下のような賞をかけて全員に投票し
てもらいました。
　●「教科書に載せるべきで賞！」
　●「〇〇時代の出来事がよくわかったで賞！」
　●「豆知識が豊富すぎるで賞！」
　これらの賞があることも最初に告知しておきます。それが子どもたちの
刺激となり、重要事項だけでなく時代の流れや背景などのかなり細かい点
にも着目しながら学ぼうとする意識がみられました。

▶ 子どもたちへの対応・声かけポイント

①タブレットの操作が苦手な子どもに対して
C：「先生、手書きではダメですか？」
T：「もちろんOK！　テンプレートが必要なら印刷もするからね！」
→タブレットの活用が進んでいないクラスは、あらかじめどちらでもよい
と伝えておきましょう。

②マスのイベント（１回休み、スタートへ戻るなど）が多すぎる子どもに
　対して
T：「１回休みとかスタートへ戻るが多すぎるとゴールできなくなります
　よ〜！」
→すごろくのゲーム性に意識がいっている子どもには、目的を思い出させ

る声かけをしましょう。

③マスの空白が目立つ子どもに対して
Ｔ：「○○さん、教科書や資料集に載っている年表を参考にすると、マスに書くことをもっと増やせるかも！」
Ｃ：「年表か！　見てみます！」
→年表を見ると時代の流れがわかりやすいので、すごろくのマスに何を書けばいいか困っている子にはおすすめです。

▶ 単元計画と授業の流れ（全7時）

時数	主な学習活動
1	○単元の導入（すごろくを作成することを告知） 1．教科書をベースに授業を進める 2．QRコードなどですごろくのテンプレートを配付し、すごろくのつくり方を教える
2〜6	1．教科書をベースに授業を進める（30分） 2．すごろく作成（15分）
7	○すごろく大会 1．4、5人のグループでそれぞれが作成したすごろくをする

▶ Canvaのすごろくテンプレート

とにかく準備に時間をかけたくない人は、Canvaのすごろくテンプレートから、子どもたちに選ばせるのもおすすめです。QRコードからテンプレートをダウンロードできます。

Canvaのすごろく
テンプレート

第２章　【実践事例】子どもたちがワクワクするゴール設定　83

体育6年 「マット運動」のワクワクゴール♪
シンクロマットの発表会を開催しよう!

めあて 自分たちで振り付けを考えて、友達と協力しながら技を極める

▶ 得意・不得意は関係なく、前のめりで参加したくなる!

　技ができる・できないを測るだけの授業では、運動が苦手な子どもたちのやる気はでません。

　そこで、子どもたちが必然的に練習に取り組めるよう、グループごとに行うシンクロマットの発表会をゴールとしました。シンクロマットはみんなで同じ技をそろえて行う活動です。

「自分のため」ではやる気がでない子も、グループ活動にすることで、できるようになりたいという気持ちにもっていくことができました。

　発表会に向け、マット運動が苦手な子に得意な子どもがコツを教え、協力する姿はとても素敵です。

　プログラムやミュージックも自分たちで決めさせることで、さらに子どもたちが前のめりで活動します。

準備するもの
☐ 演技構成資料（下図参照）　　☐ 演技構成カードテンプレート
☐ 1分程度の曲の音源

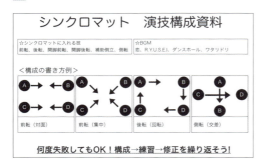

演技構成テンプレート
（Pagesで作成。ダウンロード方法はP.12をご参照ください）

ド派手な発表会演出

ほかのクラスに来てもらう！
発表会の時間にほかのクラス・ほかの学年に見に来てもらったり、参観日を兼ねてお家の人に見てもらったりすれば、さらに緊張感が高まります。

固定カメラで動画を撮影しておく！
後から見返して評価の参考にしたり、学級懇談会などで保護者に見せたりするときにも使えるように撮影しておくとよいでしょう。

✅POINT
- グループで1つのゴールに向かうことで、自然と教え合いが生まれる！
- プログラムやミュージックは自分たちで決める！
- 発表会ではいろんな人に見に来てもらう！

▶ 授業を組み立てるときのコツ

　1時間目は、クラスの子どもたちがどのくらい技を習得しているかを確認します。**ここで、得意・不得意の子どもがかたまらないよう、どのグループも同じくらいのバランスになるようにチーム分けを考えます。**

　1時間目の後半には、シンクロマットのイメージをもたせるため、曲に合わせて全員で同じ技を行います。全員が一斉にできそうな「アンテナ」や「ブリッジ」などがよいでしょう。

　2時間目以降は、グループにつき3、4枚のマットの枚数が確保できるのが理想です。発表会前練習では、各グループ1つのタブレットを用意し撮影をします。自分たちで演技を見直し、最終調整を行います。

　当日の発表会を終えた後、アンケートフォームで「どのグループのどんなところがよかったか」「シンクロマットをやってみてどうだったか」などを書かせ、評価の参考にするようにします。

▶ こんなときどうする？

①学校にあるマットが少ないとき

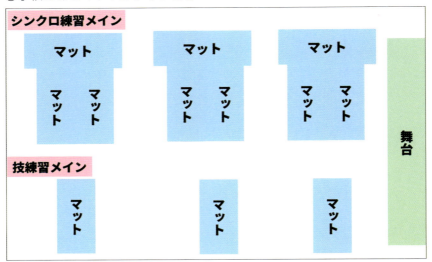

　→技の練習をする班と演技練習をする班の2班に分けます。
　10分、もしくは20分で、交代しながら練習を進めます。

②見に来てもらう人がいないとき

　撮影した動画をQRコード化し、渡り廊下などに貼り付けておきます。学校公開や懇談期間など、保護者が来校する機会があるときにQRコードを用意しておくと、お家の人にも喜んでもらえるでしょう。

▶ ゴールを達成するための単元計画（全9時）

時数	主な学習活動
1	○導入（シンクロマットの発表会をすることを伝える） 1．技の練習 　（ここで子どもたちの技をチェックしておき、次時までにバランスよくグループ分けをしておく） 2．シンクロマットのやり方を説明し、冒頭だけ一斉に練習する
2～7	○グループ練習 1．今日のめあてを考える 2．演技構成を考える・練習 3．技の練習
8	○発表会前練習 1．グループごとにメインのマットゾーンで発表会練習 2．ほかのグループは、サブマットで練習
9	○発表会 1．練習・確認 2．グループごとに発表　　　　　　◀GOAL! 3．ふりかえり

体育3〜6年 「とび箱運動」のワクワクゴール♪

とび箱のオリジナルミュージックビデオを作成しよう!

めあて 自分たちでプログラムを考え、友達と協力しながら技を極める

▶ 全員で1つの作品を完成させる！

　とび箱では、子どもたちはどうしても「高さ」を意識して活動してしまいます。そうなると、跳べない子は「面白くない」、課題の高さまで簡単に跳べる子は「つまらない」という残念な授業になってしまいます。

　また、小学校学習指導要領解説 体育編の目標では、「『する・みる・支える・知る』の多様な関わり方と関連付けること」と述べられています。

　そこで、とび箱が得意な人だけが活躍するような授業ではなく、それぞれが自己の適性等に応じて参加ができるように、オリジナルミュージックビデオの作成というゴールを設定しました。

　お互いに技を見てアドバイスをしたり、とび箱が苦手な子でもできる技を考えたり、動画の編集を担ったりと、それぞれの役割を全うしながら、オリジナルのミュージックビデオを作成していきました。

　全員が1つのゴールを目指すことで「ロイター板のここをしっかり踏み切ると跳びやすいよ！」「足がピンと伸びていて、綺麗に跳べてる！　いい感じ！」など、お互いを高め合える声かけが飛び交ったのがとても印象的でした。

事前準備
- ☐ とび箱リーダーを決める（4人程度）
- ☐ 子どもに見せる単元計画を作成する
- ☐ 場づくりの計画
- ☐ とび箱やロイター板の数の確認をする
- ☐ 三脚の用意（タブレットを固定する）
- ☐ 音源

みんなでミュージックビデオを作成し、上映会！

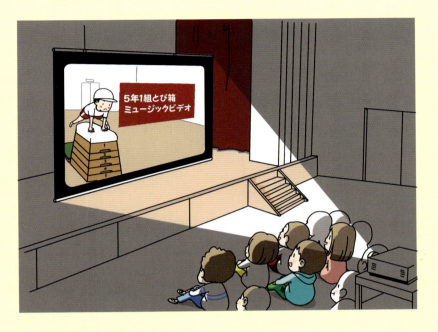

大型スクリーンで上映会！
作成したミュージックビデオは、気分が盛り上がるよう、体育館を真っ暗にし、大型スクリーンに映して上映会を開きます。

みんなでつくり上げた1つの作品！
みんなで1つのものをつくり上げた達成感はとても大きく、クラスの一体感やそれぞれの成長もたくさん見られる授業になります。

✓ POINT
- とび箱の指標を「高さ」にしない
- それぞれの役割を全うして1つの作品を完成させる！
- 上映会の場所にこだわる！

▶ 授業を組み立てるときのコツ

　単元をスタートさせる前に、とび箱リーダーを募ります。リーダーとは事前に打ち合わせをし、授業時には、とび箱の技のポイント解説や見本を披露する役割を担ってもらいます。
　単元の前半はそれぞれの技を練習する時間、後半は撮影の時間と決めてスタートします。
　さらに、撮影前には、とび箱リーダーを中心に教室でどのようなミュージックビデオにするか話し合いの時間を設けました。
　条件としては、前半で練習した3つの技を必ず全員が跳ぶ機会を設けるということ。それ以外は子どもたちに任せました。話し合いの結果「とび箱を横に並べて同時に跳ぶとかっこいいと思う！」「ドラマ風な要素もあると面白いと思う！」という意見が通り、以下のようなプログラムで撮影することになりました。

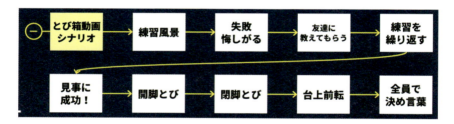

▶ 子どもたちへの対応・声かけポイント

　撮影時は、今まで跳べなかった子も勇気をだして跳ぼうとする子も多いので、撮影前に挑戦してみるか、ほかの技に変えるかなど聞いておくとよいでしょう。
　挑戦する場合は、怪我の恐れがあるので補助に入れるようにスタンバイしておきます。
T：「○○さん、撮影のとき閉脚跳び挑戦してみますか？」
C：「できるかわからないけど…やってみます！」
T：「じゃあ先生は、横でいつでも補助できるように立っておきますね！」

▶ ゴールを達成するための単元計画（全8時）

時数	主な学習活動
1	○導入（ミュージックビデオを作成することを伝える） ○開脚跳び 　1．とび箱リーダーによるポイント解説と実演 　2．レベル分け練習 　3．ふりかえり・片付け
2	○閉脚跳び 　1．とび箱リーダーによるポイント解説と実演 　2．レベル分け練習 　3．ふりかえり・片付け
3	○台上前転 　1．とび箱リーダーによるポイント解説と実演 　2．レベル分け練習 　3．ふりかえり・片付け
4	○話し合い（教室） 　1．とび箱リーダーが動画の流れを提案する 　2．どの曲を使うか決める 　3．全員でどのような動画がいいか考える
5～7	○全体撮影 　1．練習（15分） 　2．撮影（25分）　　　　　　　◀GOAL! 　3．ふりかえり・片付け（5分）
8	○鑑賞会 　1．体育館を真っ暗にし、大型スクリーンに映す

※レベル分け練習は、三好真史先生の『跳び箱指導のすべて』（東洋館出版社、2022年）という本を参考にしています。教師の補助の仕方や指導の方法など、とても勉強になりますので、ご興味がある方はぜひ読んでみてください。

国語・総合3年 「お気に入りの場所、教えます」のワクワクゴール♪

デジタル校内マップを作成しよう！

めあて 新1年生に校内のことがわかるマップを作成する

▷ クラス全員で校内マップづくり！

　3年生国語「お気に入りの場所、教えます」では、伝えたいことを理由を挙げて説明する文章を書く学習を行います。

　この学習を生かし、総合の学習で1年生へ向けて「デジタル校内マップ」を作成しました。

　国語の単元がスタートする前に、この学習を生かして校内マップを作成することは伝えていたので、子どもたちは「待ってました！」と言わんばかりに前のめりで動画づくりに挑んでいました。

　校内マップづくりのために、まず「選んだ場所（教室）」「場所（教室）の説明」「紹介したい理由」というように、紹介する文章を考えます。

　国語の授業で、一度同じように文章を考える活動を行っているので、スムーズに行うことができます。

　また、ターゲットを来年度入学してくる1年生にすると、子どもたちは「どんなときに使う部屋なのか詳しく説明しよう」「1年生でもわかるような言葉で説明しないと」などと、**相手意識をしっかりもって、よりよい文章を書こうと前向きに取り組む姿が見られます。**

　完成した文章は紹介動画の原稿となり、実際にその場所で紹介動画を撮影します。

　校内マップには撮影した紹介動画が見られるQRコードを貼り付け、タブレットで読み込めばすぐに動画を見られるようにしました。

準備するもの
☐ 校内マップを印刷した模造紙

QRコードを読み込めば その場所の紹介動画が見られる！

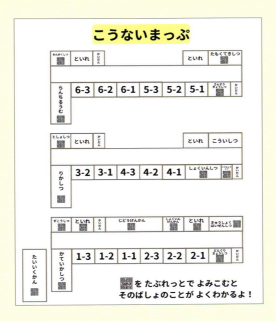

校内マップにQRコードを埋め込む！
動画を埋め込めば、その場所のことがよくわかるマップになります。撮影は子どもたちにまかせ、QRコードの埋め込みは教師が行います。

下足場近くに大きく掲示
完成した校内マップは下足場の近くに掲示します。保護者や新入生、新任の先生にもありがたい永久保存版の校内マップに！

✅ POINT
- QRコードを活用し、見た目はシンプルに説明は詳しくを実現！
- 永久保存版の校内マップが完成！
- どの学年でも取り組める内容！

▶ 授業を組み立てるときのコツ

①グループで行う

　個人で撮影することもできますが、グループで行うことで、「もっとこうしたほうがいいんじゃない？」「小道具があったほうが伝わりやすいね！」などと対話が生まれるようになります。

②完成度を上げるために

　多くの単元では、ゴールを達成するための過程を大事にしていましたが、今回は「１年生へ向けて」の校内マップづくりなので、完成度においてもこだわっていく必要があります。

　そこで、それぞれが作成した動画を一度クラス全体で視聴し、付け加えたほうがいい内容やわかりにくい説明の改善などをアドバイスし合います。

　そのアドバイスを踏まえ、動画を撮り直すことで、より完成度の高い校内マップに仕上げることができます。

③対象の相手を変える

　「１年生へ向けて」以外にも「ほかの学校に向けて」「転校してくるお友達に向けて」など、対象とする相手を変えて行うこともできます。

▶ ゴールを達成するための単元計画（全5時）

時数	主な学習活動
1	1．導入（校内マップの模造紙を見せる） 2．学習の計画を立てる 3．校内のどの場所を紹介するか決める
2	1．グループでどの場所を担当するか決める 2．紹介する内容を考える
3	1．動画撮影 2．終わったグループから、校内マップの模造紙を装飾する
4	1．ほかのグループの動画を見て、よいところや改善点などを挙げる
5	1．ほかのグループの意見を聞いて動画の内容を練り直す 2．動画撮影 3．デジタル校内マップを完成させる ◀GOAL!

※単元名：「お気に入りの場所、教えます」『国語三下』（光村図書、令和６年度版）

▶ 動画をQRコードにする方法

①以下のように、Googleドライブに動画をアップロードしてリンク化する。

01 Googleドライブに動画をアップ

「+」をタップしてアップしたい動画を選択する。

02 動画のアクセス管理を変更

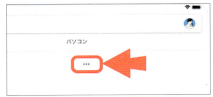

「…」をタップする。

03

「アクセス管理」をタップする。

04

「制限付き」をタップする。

05

「リンクを知っている全員」をタップする。

06

「リンクマーク」をタップして、コピーしておく。

②「QRのススメ」（https://qr.quel.jp）というサイトで、コピーしたリンクをQRコード化する。

第**2**章 【実践事例】子どもたちがワクワクするゴール設定　95

COLUMN ❷

導入の演出で子どもたちをやる気に!

子どもたちのやる気は導入で決まる!

　「ゴールから考える授業づくり」では、子どもたちにワクワク感を味わってもらうため、単元の導入で子どもたちにゴールを伝えます。

　その際、さらっとゴールを提示するのではなく、「実は今回の授業の最後にはあるものをみんなにつくってもらおうと思っています。そのあるものとは…」などと伝え、子どもたちが「なになに？　早く教えて！」といった雰囲気を演出することで、より子どもたちを惹きつけることができます。

　さらには、教師があらかじめ用意しておいた見本を見せることができれば、子どもたちはよりイメージが湧き、「早くやりたい！」という気持ちになります。

　導入で子どもたちにスイッチを入れることができれば、その後の授業はいつも以上にやる気を出して取り組むようになります。

ゴールを達成するために必要なことを考えさせる!

　導入では、ゴールを伝えると同時に、そのゴールを達成するためにはどんな力が必要かを考えさせます。

　たとえば、「昆虫図鑑をつくるには、どんなことを学習する必要があるでしょうか？」と尋ねます。

　子どもたちは「昆虫の体のつくりや特徴を調べる必要があると思います！」と答え、学習することの意味を理解して取り組むようになります。

　なんとなく昆虫の体づくりについて学習するのと、ゴールに向かって学習するのとでは、子どもたちのやる気に大きな違いがあるのです。

第 3 章

▶ プラスα

さらに授業の質を
高めよう！

テンプレや生成AIを使って成果物の見本を作成しよう！

使ってみてわかるCanvaやAIのすごさ！

▶ Canvaの豊富なテンプレートを活用しよう！

Canva の特徴の１つに豊富なテンプレートが挙げられます。それらを活用するだけで、子どもたちが「つくってみたい！」と思うような新聞やポスター、ポップなどの見本を短時間で作成することができます。

また、編集する際に使用することができる素材も豊富です。たとえば「犬」と検索すると、犬のイラストや画像・動画などあらゆる素材を使用することができます。

▶ 生成AIで文書の叩き台を！

CM 原稿、要約文、新聞記事の内容、提案書などの見本は、AI の力を借りると手間なく、あっという間に作成することができます。

ChatGPT に投げかけるときに「小学◯年が書いたような内容で」と付け加えると、子どもたちにもわかりやすい見本になります。

見本はゼロからつくれば時間がかかります。叩き台を AI に頼み、自分の好みに修正を加えればかなりの時短になります。

▶ 子どもたちが使う画像も生成AIにおまかせ！

Canva の「マジック生成」を使えば、画像・グラフィック・動画を素早く作成することができます。右ページのように、「ごんぎつね」とテキスト入力すれば、画像とグラフィックが作成できます。CM づくりをさせるときなどは、あらかじめこのような素材を用意しておくことで、子どもたちは本来の目的である原稿づくりに時間を使うことができます。

叩き台はCanvaやAIにまかせてブラッシュアップする！

ChatGPTで文書の見本を作成

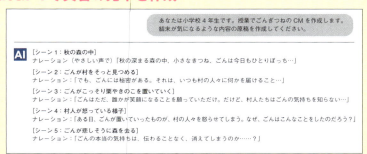

CM原稿の見本を作成！

Canvaのマジック生成でイメージ化

4つの手順で、一瞬で画像を生成することができる！

✅ POINT

- Canvaのテンプレートを使って簡単に見本を作成しよう！
- ChatGPTで見本となる文書を作成しよう！
- 画像生成を活用しよう！

参考文献やWEBサイトを用意しておこう！

調べ学習は事前準備で教師も子どもも助かる！

▶ 調べる時間を短縮させて活動時間を増やす！

調べ学習などをするときは、必要な参考文献や WEB サイトをあらかじめ教師が用意しておきます。

たとえば、6年生社会「歴史上の人物になりきってショート動画を撮ろう！」（P.76）では、歴史上の人物のセリフや性格、当時の町の様子など、教科書には書いていない内容も調べられるとよいでしょう。教師が参考になる WEB サイトなどを用意しておくことで、検索に時間をかけず、調べることができます。

これはプラスαの仕事であって、「準備に時間がかかりそう…」と思われるかもしれませんね。しかし、授業に子どもたちの自由度が高まると、1つ検索するのにも時間がかかり、本来つけたい力を十分につけることができなくなります。**子どもたちのためになる「手間」はできるだけかける。それ以外で時短を目指しましょう。**

▶ AIで集めよう！

効率的に参考文献や WEB サイトを集めるときにも、ChatGPT に「〇〇について調べたいです。参考になる WEB サイトのリンクを教えて」と投げかけると、瞬時にリストアップしてくれます。ただし、存在しないサイトがリストアップされることもあるので確認が必要です。

引き続き ChatGPT に「上記のリンクを QR 化した画像を作成して」とお願いすると、瞬時に QR コードを生成してくれます。子どもたちに共有する場合は生成された QR コードを添付し、印刷して配付すると便利です。

情報集めにはロイロノートやChatGPTが便利！

ロイロノートで参考サイトを集める方法

検索したページをカードとして保存することができるので、そのまま子どもたちに送ることもできる。
作成したWEBカードは、ダブルタップするだけでサイトを開くことができるので、とても便利！

ChatGPTで参考サイトを集める方法

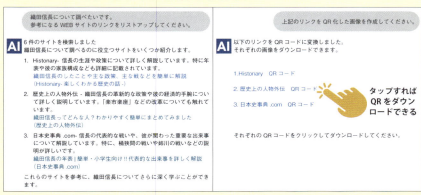

✅POINT

- 参考サイトで調べる時間を短縮しよう！
- ChatGPTで参考サイトをリストアップ！
- ロイロノートなら検索したページをカード保存できる

ほかの教科とコラボ できないか考えよう

関連性のある単元を組み合わせて授業計画！

▶ ほかの教科とコラボして準備時間と時数の削減！

　ほかの教科とコラボする最大のメリットは時数の削減です。また、子どもたちも教科の枠を超えた学習をすることで、学びはさらに深まり、教科と教科のつながりを実感することができます。

　たとえば、2年生国語の「おもちゃの作り方をせつめいしよう」（光村図書）では、わかりやすく説明するための工夫などを考えていきます。単に、相手に伝わりやすい説明の仕方を学習するだけでは面白くありません。実際に図工の時間を使って自分がつくりたいおもちゃを作成します。

　その際、つくる過程をタブレットで撮影しておきます。そして、そのおもちゃのつくり方を文章で書き、写真を見せながら友達に説明します。子どもたちは実際につくったものだからこそ「説明」が自分ごとに変わります。これこそが学びの深まりです。

　また、1年生生活「はるをさがそう」（啓林館）という学習では、子どもたちは校庭に咲く花や木の実、草などを集めてきます。それを、算数の「いくつといくつ」の単元で登場させます。自分で拾ってきた木の実などをならべ実際に動かしながら楽しく理解を深めていくことができます。

▶ 総合的な学習の時間でコラボする

　また、総合的な学習の時間では、他教科の学習でつけた力を生かし探究的に子どもたちが学んでいくことが求められます。ですから総合はどの教科ともコラボが可能です。

ほかの教科とコラボすればより楽しいゴール設定が可能！

コラボ授業の例

【1年】
・かたちあそび（算数）✕ はこでつくったよ（図工）
・からだほぐしうんどう（体育）✕ うたっておどってなかよくなろう（音楽）
・おおきなかぶ（国語）✕ おはなしだいすき（図工）

【2年】
・やさいはかせになろう（生活）✕ かんさつしたことをかこう（国語）
・スイミー（国語）✕ ことばのかたち（図工）
・おもちゃの作り方をせつめいしよう（国語）✕ 工作（図工）

【3年】
・円と球（算数）✕ コンパスアート（図工）
・風とゴムの力のはたらき（理科）✕ ゴー！ゴー！ドリームカー（図工）
・重さのたんいとはかり方（算数）✕ ものの重さをしらべよう（理科）

【4年】
・もしものときにそなえよう（国語）✕ 自然災害にそなえるまちづくり（社会）
・新聞を作ろう（国語）✕ 都道府県調べ（総合）
・天気と気温（理科）✕ 折れ線グラフの表し方や読み方（算数）

【5年】
・自然環境を守るために（国語）✕ SDGsについて調べよう（総合）
・帯グラフと円グラフ（算数）✕ 国土の自然とともに生きる（社会）
・よりよい学校生活のために（国語）✕ 学級会（特別活動）

【6年】
・やまなし（国語）✕ 言葉から想像を広げて（図工）
・持続可能な社会を生きる（家庭）✕ 地球に生きる（理科）
・世界の中の日本（社会）✕ 一人一国調べ（総合）

✓POINT

- 関連性のある単元を組み合わせて時数を削減！
- 子どもたちも関連性があるので学びが深まる！
- 長期休暇のうちにどんな単元があるか確認しておこう！

第 3 章 【プラスα】さらに授業の質を高めよう！　103

子どもたちに単元計画
フォーマットを共有しよう！

自分で単元計画を立てることで見通しをもちながらゴールを目指す

▶ タブレットで簡単に単元計画を立てる

　タブレットで単元計画のフォーマットを作成し、子どもたちに共有すると子どもたちでも簡単に単元計画を立てることができます。

　ロイロノートで単元計画を立てる場合は、右ページの画像のように学習内容が書かれた緑のカードを用意しておきます。あとは、どの順番で学習を進めていけばゴールを達成できるかを考えさせて並び替えていきます。

　このような活動を通して、子どもたちがゴールまで見通しをもって学習に取り組めるようにします。

▶ 子どもたちが自分で学習内容を考える

　学習する順番だけでなく、学習内容も子どもたち自身で考え単元を計画させることで、さらに主体的に授業に取り組むようになります。ワクワクするゴールを達成するためにどんな力をつけるべきかを考えて計画を進めさせていくとよいでしょう。とはいえ、いきなり子どもたちに丸投げしてしまうと収集がつかなくなってしまいます。**そのため、子どもたちの実態に合わせながら、以下のようにスモールステップで行います。**

　①あらかじめ教師が提示した学習内容の順番をクラスみんなで考える
　②ゴール達成のためにどんな学習が必要かを考えグループで計画を立てる
　③ゴール達成のためにどんな学習が必要かを考え自分で計画を立てる

　また、子どもたちが計画しやすいように右ページにあるような単元計画フォーマットを用意しておきます。1学期から同じフォーマットで計画を立てていくことで自分たちだけでも計画を立てられるようになっていきます。

単元計画
フォーマット
（ダウンロードの
方法は P.12 を
ご参照ください）

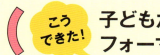

子どもたちが使いやすいフォーマットで計画も立てやすい

ロイロノートで単元計画を作成

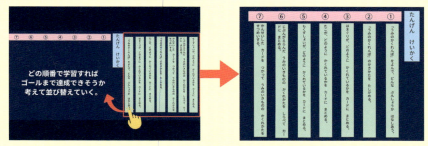

カードを動かすだけで簡単に順番を入れ替えられる！

スプレッドシートで単元計画を作成

単元名	ごんぎつね			
ゴール	ごんぎつねのCMづくりをしよう！			
時数	目標（めあて）	やること（計画）	ふりかえり	コメント
1時間目	学習計画を立てる	学習計画を立てる	8割くらいは完成した。授業の進み具合で調整していきたいです。	しっかり計画を立てることができていますね！
2時間目	物語全体の流れをつかむ	音読 段落ごとの内容をノートにまとめる	音読3回！段落ごとに短くまとめることができた。	しっかり計画を立てることができていますね！
3時間目	印象に残った場面や気になった表現をまとめる	音読 印象に残った場面や気になった表現をノートに書き出す		しっかり計画を立てることができていますね！ 素晴らしい！ 頑張っていますね！ 順調に進んでいますね！ 友達と協力しながら考えることができていたね！ もう少し！ しっかり登場人物の気持ちを読み取ることができていますね！ 本文の叙述から読み取ることができていますね！ しっかりノートにまとめることができていますね！
4時間目	ごんの気持ちを考える	音読 ごんの気持ちを本文の叙述から読み取ってノートにまとめる		
5時間目	兵十の気持ちを考える	音読 兵十の気持ちを本文の叙述から読み取ってノートにまとめる		
6時間目	物語全体で1番大きな変化がある箇所について読みを深める	音読 登場人物の気持ちが大きく変化した場面についてグループで考えたことを共有する		
7時間目	CMに入れたい場面を決めて原稿を書く	CMに入れたい場面を決めるCM原稿をノートに書く		

教師側のコメントは、セルのプルダウンで即時入力できるようにしておくと便利！

✓ POINT

- ゴールを達成するためにどんな学習が必要か考えさせよう！
- 計画を立てて見通しをもたせよう！
- スモールステップで最終的には自分たちで計画できるように！

準備時間がない1学期は 負担の少ないゴール設定に

軌道に乗ってから少しずつ挑戦してみよう!

▷ 大きなゴール設定は必要なし

新学期は学習規律や学習に対する態度を育成することにフォーカスします。まずは子どもたちが安心できる場づくりが必要です。

とはいえ、教科書をなぞるだけの授業では子どもたちは面白くもなく徐々にストレスがたまります。様子を見ながら「クイズ大会を開こう」といった、準備に負担の少ないゴール設定を設けるとよいでしょう。**子どもたちをクイズの出題者にすることで、受け身の授業から自発的な授業へと流れをつくっていきます。**自分たちで問題を考えれば、学習した内容の復習にもなります。

▷ 具体物を用意する

子どもたちを惹きつけるには「具体物」がとても効果的です。実際に具体物を見ることで、「すごい!」「何それ?」「何をするの?」「わかりやすい!」と子どもたちの感情を動かすことができます。

特に低学年の子どもたちは、教科書に載っているイラストや写真を見るだけでは実感を得られません。1年生の算数「いくつといくつ」を行うときには本物のどんぐりを数えたり、1年生の国語「おおきなかぶ」では、ゴミ袋に新聞紙を詰めて大きなかぶをつくったりしてもよいでしょう。子どもたちの視線が一気にこちらを向くこと間違いなしです。

学校の備品室や教材室にも授業で使える具体物があるかもしれないので確認しておきましょう。

 １学期でもワクワクするゴールを設定できる！

歴史クイズ大会を開こう！

①学習した内容の中からクイズを紙に書く
②紙をクイズボックスに提出
③単元末にクイズ大会を開く
④クイズボックスからランダムに紙を引いて読み上げる
⑤正解者には１ポイント
⑥ポイントが１番多かった人が優勝！

このやり方であれば、教師は準備に時間をかけず、子どもたちは単元末を楽しみにしながら学習に取り組むことができます！

そのほか１学期でも取り組めそうなゴール設定例

・グループで音読発表会を開こう！
・マットランドを楽しもう！
・登場人物へ手紙を書こう！
・単元のまとめカードをつくろう！
・単元のまとめスライド（１枚）を作成しよう！

１学期は簡単なゴール設定から始めて、子どもたちの様子や実態に合わせながら、徐々に難易度を上げていくとよいでしょう。

✓POINT

- １学期は子どもが安心できる場づくりを
- １学期はハードルの低いゴール設定から！
- 具体物で惹きつけよう！

ミッション型授業で子どもたちが主体的に！

めあてをミッション風に書き換えるだけでOK！

▶ ミッション型授業とは？

ミッション型授業とは、その名の通り、ミッションをクリアしながら単元のゴールを目指していく授業のことです。とはいえ、特別なことをするわけではありません。

授業のめあてをミッション風に書き換えて提示するだけです。**子どもたちは「ミッションをクリアしてゴールを目指す」という言葉だけでいつも以上にやる気が出ます。**

また、教師側も授業を計画する際「どんなミッションを与えようかな」と考えるだけで、教材研究もなんだか楽しくなってきます。

▶ 単元の授業計画をすべて最初に共有しておく

単元の授業計画やミッションは、すべて最初に共有しておくこともあります。

最初に共有しておくことで、子どもたちはゴールまでの見通しをもつことができます。「先生、今日の国語って何するんですかー？」というような質問が一切なくなります。

さらには、その日のミッションを達成した子どもは、明日のミッションを確認し「ちょっと先に考えておこうかな」と自ら進んで取り組むこともできます。

ただし、すべてのミッションを1人でクリアできるようにすると、授業進度に個人差が大きく出てきてしまうため、グループで協力する活動を途中で入れておくなどの工夫が必要です。

ミッションクリアを目指して授業が白熱していく！

単元の授業を丸ごと子どもたちに共有する！

ロイロノートでノートを丸ごと子どもたちに共有する方法。単元の授業計画を丸ごと子どもたちに共有することでゴールまでの見通しをもちながら進めることができます。

ミッションの文言はChatGPTに投げかけて作成してもOK！

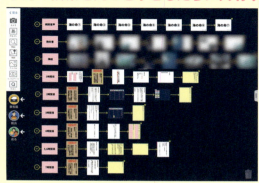

ChatGPTに「ミッション風に」と指示するだけで、やる気が湧いてきそうなめあてに早変わり！

> **POINT**
> - ミッション型でやる気アップ！
> - ミッション型で教師の細かい指示が与えられる！
> - 最初にゴールまでの見通しをもたせよう！

ワクワクするゴールを集めよう！

コツをつかめば楽しそうなゴール設定はすぐに考えられる！

▶ ワクワクするゴール設定の引き出しを揃えておこう！

　ゴール設定について、「指導目標に合わせたゴール設定のアイデアが浮かばない」という方もいらっしゃるでしょう。そこで、ゴール設定にはどのようなものがあるか、ある程度自分の中にストックしておけばその不安は解消されます。下記のようなゴール集から「この単元のときに使えそう」と結びつけていくだけでゴールを考えることができます。

▶ ワクワクするゴール集

・ポスターをつくろう！
・リーフレットをつくろう！
・パンフレットをつくろう！
・ポップをつくろう！
・カードをつくろう！
・かるたをつくろう！
・すごろくを作成しよう！
・図鑑を作成しよう！
・ロゴを作成しよう！
・CM を作成しよう！
・ショート動画を作成しよう！
・スライドを作成しよう！
・解説動画を作成しよう！
・Youtuber 風動画を作成しよう！
・ミュージックビデオを作成しよう！

・クイズ大会を開こう！
・音読発表会を開こう！
・お話の続きを考えよう！
・〇〇マップをつくろう！
・〇〇ブックをつくろう！
・〇〇ゲームをつくろう！
・〇〇美術館をつくろう！
・〇〇ランドを楽しもう！
・〇〇発表会を開催しよう！
・〇〇フェスティバルを開こう！
・お店屋さんを開こう！
・オリジナル物語をつくろう！

ゴール集×単元の組み合わせでどんな教科、学年にも応用できる！

子どもたちがワクワクする単元のゴール設定例

- 「はなのみち」の続きのお話を考えよう！（1年国語）
- 学校で見つけた生き物クイズ大会を開こう！（1年生活×国語）
- 自動車紹介カードをつくろう！（1年国語）
- 「くじらぐも」の音読発表会を開こう！（1年国語）
- マットランドを楽しもう！（1・2年体育）
- ○年○組のことわざブックをつくろう！（3年国語）
- とびばこランドを楽しもう！（3年体育）
- お店屋さんを開いて買い物の合計金額を見積もろう！（4年算数）
- 地名かるたをつくって遊ぼう！（4年社会）
- 「風船でうちゅうへ」を要約してショート動画をつくろう！（4年国語）
- 間違えやすい漢字クイズ大会を開こう！（4年国語）
- クラスロゴを作成しよう！（6年図工）

AIの力を借りよう！

体育や総合のように、教科書がない教科はアイデアに困ることがあります。そんなときはChatGPTに「子どもたちがワクワクするゴール設定を考えて」と投げかけます。特定の単元に絞って、聞くとさらに具体的なゴール設定を提案してくれます。

✓ POINT

- ワクワクするゴール設定をストックしておこう！
- ゴール集と単元を組み合わせて考えよう！
- 思いつかないときはChatGPTに聞いてみよう！

第3章 【プラスα】さらに授業の質を高めよう！

COLUMN ❸

子どもたちと一緒にゴールを考えよう！

自らゴールを考えることでさらにやる気アップ!

　ゴールから考える授業は、必ずしも教師が考えるというわけではありません。3学期ともなれば、子どもたちはだんだんと授業のやり方にも慣れて「次の単元はどんなゴールかな〜」と考えるようになります。

　そこで、2学期の終わりには子どもたちに前もって、3学期の主要な単元を伝え、やってみたいゴール設定を募集しておきます。

　低学年には、あらかじめいくつか選択肢を与えたり、今までやったことのあるゴールから選ばせたりすれば、自分たちで考えることも可能です。

　実際に「3学期にどうぶつの赤ちゃんという授業があるけど、ゴールは何がいいと思う？　この中のどれがいいか先生悩んでます！」と1年生に尋ねたところ、「うみのいきものカードをつくったから、動物の赤ちゃんカードをつくりたい！」という声が上がりました。

　まだ2学期にも関わらず、その次の日には「先生！　昨日動物の赤ちゃん音読したよ！　早くカードつくりたい！」と3学期の授業を今から楽しみにしている子どもたちの姿がありました。

子どもたちに任せ、子どもたちの力を伸ばす!

　高学年では、有志でチーム結成し、授業を先取りしてゴールの見本を作成してもらうこともありました。

　また、5年生国語の「推薦したい本のポップを作成しよう！」の授業が終わった後には「先生、ほかの本のポップも作成してもいいですか？」と尋ねてくる子どもたちも現れました。

　このように、子どもたち自ら進んでやりたいという気持ちが芽生えてくるのもこの授業の大きな特徴です。

　こうして子どもたちに任せられることが増えると、教師の負担を減らしつつ、子どもたちの力を伸ばすことができる理想の形になっていきます。

第 4 章

▷評価

スムーズに・コンパクトに
評価をしよう！

ふりかえりカードを活用しよう！

デジタルで作成することで教師も子どもたちも楽チン！

▶ 授業の達成度を自己評価させよう！

　評価をするときに便利なのがデジタルで作成した「ふりかえりカード」です。単元のはじめに用意しておき、子どもたちが自分で自己評価できるようにしておきます。

　ふりかえりのフォーマットは、できるだけ同じ様式にしておき、子どもたちが書き慣れていけるようにするのがおすすめです。

　1年生など、文章を書くことが難しい場合や、短時間で簡単にふりかえりを実施したい場合は、以下のように、ふりかえりの項目をあらかじめ用意しておくとよいでしょう。

①ポイントをいしきしてとりくむことができた。　（　△　・　○　・　◎　）

②ともだちのいいところをつたえることができた。　（　△　・　○　・　◎　）

③あんぜんにとりくめた。　　　　　　　　　　　　（　△　・　○　・　◎　）

　デジタルで集約することで、タブレット1台でその単元で実施したすべてのふりかえりを確認することができます。

▶ ふりかえりのタイミングを工夫する

　体育科では、実技の時間を確保することが重要です。

　そこで、ふりかえりは、授業時間ではなく、給食後の隙間時間などで取り組ませる方法もあります。

　また、単元の前半と後半の2回に分けて行うのもおすすめです。子どもたちの思考や変容を見取るため、前半と後半で何を意識してどう変わったのかを書かせるとよいでしょう。

 **ふりかえりカードをつくろう！**

とび箱ふりかえりカード

前半のベスト動画！	前半（1〜4時間目）のふりかえり
	開脚とびは、またぎのりしかできませんでした。でも、佐藤さんから、手のつき方と肩を前に出すというポイントを教えてもらったので、それを意識して練習しているところです。 台上前転も練習中です。 後半の授業が終わるまでに両方跳べるようになりたいです。
後半のベスト動画！	後半（5〜8時間目）のふりかえり
	手のつき方と肩を前に出すというポイントを意識して練習を続けていると、開脚とびができるようになりました。台上前転は踏み切りの後にお尻を高く上げることを意識して練習すると、うまく回れるようになりました。 両方とも、ポイントを意識することで成功することができたのでとても嬉しかったです。

ロイロノートでふりかえりカードを作成！
ロイロノートでは、ふりかえりカードを簡単に作成することができます。1つ作成しておけば、ほかの単元や授業でも活用できます。

動画を貼り付ける場所を用意しておく！
授業中に子どもたち同士で動画を撮影させてふりかえりカードに貼り付けて提出させることで、あとから教師が確認することができます！

✓ POINT
- 学年や実態に合わせたふりかえりカードを用意しておこう！
- デジタルで評価の材料を集めておくと便利！
- 子どもたちもあとから見返すことができる！

ルーブリック評価を活用しよう！

基準を示すことで子どもたちの目標を明確にする

▷ ルーブリック評価のメリット

　ルーブリック評価とは、特定の評価の観点（規準）と、観点のレベルを数段階に分けた評価基準から、作品やパフォーマンスを評価する方法です。
　ルーブリック評価のメリットは以下の３つが考えられます。
①**透明性**：評価基準が事前に明示されるため、子どもたちが自分の目標を理解しやすくなる。
②**一貫性**：評価基準が統一されているため、異なる評価者が評価しても一貫性を保つことができる。
③**明確なフィードバック**：具体的な基準に基づくフィードバックを提供できるので、子どもたちがどの部分を改善すべきかを明確に理解することができる。
　子どもたちにもルーブリックを提示しておくことで、目標がズレることなく、どこに力を入れて学習を進めていくべきかがわかりやすくなります。

▷ ChatGPTを使ってルーブリック評価を作成しよう！

　ルーブリック評価の良さは理解できても、単元に合わせたルーブリック評価を考えることは大変です。そこに時間がかかると、結局後回しになり、正確な評価をすることができなくなります。
　こんなときにAIの力を頼ると便利です。ChatGPTに「４年生国語の授業でごんぎつねの単元を実施します。最終課題として３年生に向けたごんぎつねのCMを作成するのですが、それを評価するルーブリックを作成してください」といったように指示を送ると、すぐに回答してくれます。その回答を参考にしつつ、目の前の子どもたちや単元目標に合わせて、微調整しながら作成するとよいでしょう。

こうできた！ ChatGPTでルーブリックを作成する

> **ChatGPT >**
>
> 4年国語の授業でごんぎつねの単元を実施します。最終課題として3年生に向けたごんぎつねのCMを作成するのですが、それを評価するルーブリックを作成してください。
>
> **AI** メモリを更新しました
>
> 以下は、4年生の「ごんぎつね」のCM作成に対する評価ルーブリックの例です。評価項目を「内容の充実度」「表現力」「構成」「視聴者へのアピール度」「協働作業」の5つに分け、それぞれ4段階で評価できるようにしました。
>
> **ごんぎつね CM作成の評価ルーブリック**
>
> | 評価項目 | 4（非常に優れている） |
> |---|---|
> | 内容の充実度 | 物語の重要な要素が全て含まれており、簡潔かつわかりや |
> | 表現力 | 言葉遣い、声のトーン、表情などが豊かで、内容を効果的 |
> | 構成 | 序論、本論、結論が明確で、CMとしての流れが非常に良い |
> | 視聴者へのアピール度 | 3年生が興味を持ち、内容を理解できる工夫が非常に良く |
> | 協働作業 | メンバー全員が積極的に参加し、役割分担も効率的に行わ |
>
> **使用方法**
>
> このルーブリックを使って、各評価項目ごとに生徒のCMを評価し、総合点を算出します。評価の際は、生徒にどの部分が良かったか、また改善できる点についてのフィードバックを提供すると良いでしょう。
>
> > 「表現力」「構成」の評価項目を削除してください。また、評価の段階を3段階にして作り直してください。
>
> **AI** メモリを更新しました
>
> 以下は、修正後の「ごんぎつね」CM作成の評価ルーブリックです。
> ごんぎつね CM作成の評価ルーブリック
>
> | 評価項目 | 3（非常に良い） |
> |---|---|
> | 内容の充実度 | 物語の重要な要素が全て含まれており、わかりやすく伝えられてい |
> | 視聴者へのアピール度 | 3年生が興味を持ち、内容を理解できる工夫が非常に良くできている |
> | 協働作業 | メンバー全員が積極的に参加し、役割分担が効果的に行われた。 |
>
> **使用方法**
>
> このルーブリックで各評価項目を3段階で評価し、生徒たちがどの程度達成できたかを把握します。評価にあたっては、改善点や特に優れていた点についてフィードバックを提供すると、次回の活動にも役立つでしょう。

→ 「評価を3段階にして」などと、指示を与えながら作成していく

あくまでも参考程度に！

ChatGPTでは、抽象的な内容でしか回答が返ってこないことが多いため、これは叩き台。クラスの子どもたちの状況に応じて完成させます。

✓POINT

- 点数化しづらい活動はルーブリック評価を活用しよう！
- 子どもたちに示すことで活動の目的がズレない！
- ChatGPTで叩き台を作成しよう！

第4章 【評価】スムーズに・コンパクトに評価をしよう！

子どもの具体的な行動や発言を想定しておこう！

学習指導要領から子どもの様子や発言をイメージしよう！

▶ 思考・判断・表現の評価は難しい？

「思考・判断・表現」の評価をつけるのが難しいという先生方が多いように思います。「思考力、判断力、表現力等」は、問題を見つけたときに論理的に考えて解決まで導ける力や、仲間と協力しながら問題に取り組むための表現力などの獲得を目標としています。そのため、各教科の知識や技能を問題解決に向けて有効に使えることも大切になると言えます。

こうした部分を評価するには、テストや成果物だけでは判断しきれません。実技教科である体育や図工などでは、なおさら判断が難しいでしょう。

そこで、あらかじめ子どもたちのどのような行動・発言などがA評価に値するかなどを教師が想定しておくことが重要になります。

▶ ChatGPTで評価ごとの子どもの行動や発言を書き出す！

学習指導要領では、各学年の目標が観点別に記載されています。しかし、膨大な量と、その独特な文章から子どもたちの様子をイメージしにくいというのが正直なところです。

そこで、ChatGPT に学習指導要領を読み込ませ、評価に値する子どもの行動や発言例を書き出しておくとイメージしやすくなります。

たとえば、１年生体育「器械・器具を使っての運動遊び」の「思考力、判断力、表現力等」の目標は「器械・器具を用いた簡単な遊び方を工夫するとともに、考えたことを友達に伝えること」となっています。

そこで「友達のよい動きを伝えるって実際にどのようなことを伝えていたら OK なの？」と疑問に思ったことを、そのまま ChatGPT に投げかけて書き出だしてもらうのです。しかも発言ごとに ABC 評価に分け、参考にすることで授業時間内で素早く評価することができるようになります。

118

学習指導要領×ChatGPTで効率よく評価の参考に！

> 資料から、第1学年「器械・器具を使っての運動遊び」の観点別の目標をテーブル形式で書き出してください。

AI 体育.pdf を読み込む

以下は、第1学年「器械・器具を使っての運動遊び」の観点別目標を表形式で示したものです：

観点	目標
知識及び技能	次の運動遊びの楽しさに触れ、その行い方を知るとともに、基本的な動きを身に付ける。 - 固定施設：登り下り、懸垂移行、渡り歩き、跳び下りを行う。 - マット：いろいろな方向への転がり、手で支えて体を保持・回転する。 - 鉄棒：支持しての揺れや上がり下り、ぶら下がり、易しい回転を行う。 - 跳び箱：跳び乗り、跳び下り、手を着いてまたぎ乗り、またぎ下りを行う。
思考力、判断力、表現力等	器械・器具を用いた簡単な遊び方を工夫し、考えたことを友達に伝える。
学びに向かう力、人間性等	運動遊びに進んで取り組み、順番やきまりを守り、誰とでも仲よく運動をする。また、場や器械器具の安全に気を付ける。

この目標は、学年や児童の発達段階に応じた運動体験を通じて、運動の楽しさを感じながら基本的な技能や協調性、安全意識を育むことを目的としています [**]。

> 思考力、判断力、表現力等のところで「考えたことを友達に伝える」という目標がありますが、例えばどのような発言があるか書き出してください。また、それらの発言に対してABCの評価をつけてください。授業は「とび箱遊び」とします。

AI 以下は「跳び箱遊び」の授業において、児童が「考えたことを友達に伝える」場面で想定される発言例と、それらに対する評価 (A, B, C) です。

想定される発言例と評価

発言内容	評価	評価理由
「手をもっと広げていったら、バランスが取りやすいと思うよ。」	A	技術的な改善点を具体的に提案しており、相手に役立つフィードバックを提供している。
「最初に思い切ってジャンプすれば、もっと遠くまで跳べるかも。」	A	相手の動作を観察し、解決策を明確に伝えている。相手が実行可能なアドバイスとなっている。
「ゆっくりやった方が安全だから、急がないでやったらいいと思う。」	A	安全を意識した適切な助言をしており、仲間を思いやる態度が見られる。
「跳ぶときに足をもっと強く伸ばしたら、カッコよく見えると思う！」	B	改善点を挙げているが、提案が具体性に欠けるため、実行しやすさが低い。
「跳び箱が怖いなら、低い段から始めてもいいんじゃない？」	B	解決策を提示しているが、指示が少し漠然としており、具体性や指導的要素がやや弱い。
「そのやり方、いいと思うよ！」	B	ポジティブな声掛けは良いが、具体的な改善点や提案が含まれていない。
「もっと高いところからやった方が面白いよ！」	C	提案に具体性がなく、相手にとって安全や技術向上につながる発言ではない。
「手をつくのが遅いから、もっと早くやらないとだめだよ。」	C	改善点を伝えているが、伝え方が否定的で、相手にプレッシャーを与える可能性がある。
「何も変えなくても大丈夫じゃない？」	C	特に新しい提案や改善点を伝えておらず、発言としての効果が低い。

表をまとめるとさらにわかりやすい！
「テーブル形式で」と指示すると、わかりやすく表にまとめてくれます！

子どもたちの発言例を参考にする！
子どもたちの発言例があるとイメージがしやすく、授業づくりや評価するときの参考になります。

✓ POINT
- 事前に想定しておくことで評価がしやすくなる！
- ChatGPTで学習指導要領から効率的に情報を集められる！
- ChatGPTの情報がすべて正解ではない。あくまでも参考に！

誰が何を担当したのかを記入させよう！

グループ活動でも役割がわかれば評価できる

▶ グループ課題でも正確な評価を！

「グループで新聞を作成しよう！」といったように、グループ単位での成果物を作成する授業を行うと、最終的な成果物を見るだけでは、それぞれ個人の評価をするのが難しくなります。

もちろん授業中の取り組みなどで評価はしますが、教師1人で30-40人の評価を正確に見取ることは現実的に不可能です。

そのため、グループで行うときは明確に役割分担をさせ、誰がどの担当をしたのかをしっかり明記させるようにします。

たとえば、グループで新聞を作成する場合は、どの記事を誰が担当したのか、新聞の記事に直接名前を書かせます。このようにすることで、グループ活動をしても、個人の活動を評価することができるようになります。

▶ 進捗状況を確認する

また、それぞれのグループや個人の進捗状況を確認したい場合は、ロイロノートの共有ノートを活用するのがおすすめです。

右の画像のように、一人ひとりが何を担当して、どこまでできているかがわかるように整理しておくとよいでしょう。

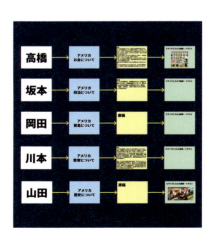

グループ課題も役割を明確にすれば評価しやすい

【役割】
赤井　・調べた内容→日本の面積、人口、歴史
　　　・動画で解説した内容→日本の面積、人口、歴史
　　　・動画編集（カット、合成など）

青田　・調べた内容→日本の歴史、他国との関わり
　　　・動画で解説した内容→日本の歴史、他国との関わり
　　　・動画編集（テロップ）

緑川　・調べた内容→日本の有名な場所、食べ物
　　　・動画で解説した内容→日本の有名な場所、食べ物
　　　・動画撮影

金本　・調べた内容→日本の政治、抱えている課題
　　　・動画で解説した内容→日本の政治、抱えている課題
　　　・動画撮影、BGM

動画作成をゴールにした際のグループ役割表
先にグループで役割分担をさせることで子どもたちの活動もスムーズに。教師もどの子が何を担ったのかよくわかり、評価もしやすくなります。

新聞記事も署名記事にする

記事の後ろに名前を明記させる

POINT
- 役割分担を明確にして活動開始！
- 評価をしやすいように名前を明記！
- 共有ノートで進捗状況を確認！

動画や音声を提出させて評価しよう!

確かな事実をもとにして効率よく評価しよう!

▶ 写真や言葉だけでは伝わらないものは動画で提出!

　授業中だけでは見取れないところは、動画で提出させて評価することもあります。たとえば、図工の授業で立体のものを作成した場合、後からその作品の写真を見ただけでは、工夫した点などが伝わり切らず評価しにくいことがあります。**その場合は、完成した後、その作品を持って、工夫したところやこだわったところなどを子どもたちに話してもらい、動画に収めます。**

　以下のように作品をつくる前に、後から話す項目を伝えておくことで、子どもたちもテーマを考えながら取り組むことができます。

　①作品のテーマ / タイトル

　②工夫したところや気をつけたところ(アピールポイント)

　③うまくいったところや難しかったところ

　教師は、子どもたちが撮影したその動画を確認して評価をつけていくことができます。

▶ 話し合い活動を録音させよう!

　グループで話し合いや会議をするときなどは、話し合いを記録係がタブレットで録音します。誰がどのような発言をしているか、誰が主となって話し合いを進めているかなどを後から確認することができます。

　このように動画や音声などで記録させることで、確かな事実をもとにていねいに評価をすることができるのです。

iPadアプリ「Clips」で簡単に動画作成！

①自動で字幕化にする設定

❶「★」→❷「吹き出しマーク」をタップし、字幕の種類を選択。

②撮影開始

赤いボタンを押しながら左にドラッグする。

③撮影

撮影が終わったら赤いボタンを押して停止する。

④編集・書き出し

左下にある撮影した動画（❶）をタップして編集画面に変更。❷の「共有マーク」から動画を書き出すことができる。

動画編集も子どもたちの手で！

Clipsは動画撮影から編集まで1つのアプリで完結するため、低学年でも使いやすいアプリです。

✅ POINT

- 写真や動画で記録させよう！
- 動画でのふりかえりは文字入力が難しい低学年にもおすすめ！
- 音声の録音も使いこなそう！

子どもたちの相互評価を取り入れよう！

教師には見えない"良さ"も見えてくる

▷ 子どもたち同士で評価し合う！

　教師が評価するだけでなく、子どもたち同士で相互評価させる方法もあります。

　たとえば、6年生体育「シンクロマットの発表会を開催しよう！」の単元では、発表後にそれぞれのグループ発表を見てどう感じたかをアンケートフォームに記入してもらい相互評価させます。**子どもたち同士の評価を取り入れると「〇〇さんは練習のときから周りに積極的に声をかけていた」など、教師だけでは見取ることができないところも見えてきます。**

　子どもたちも友達に評価してもらうととてもうれしいようで、より一層「頑張ろう！」と前向きに取り組む姿が見られるようになります。

▷ 添削も子どもたちに！

　国語の授業で提案書や感想文を書くときなども、子どもたち同士で添削させることもできます。タブレット上で添削すれば、原稿をコピーできるので遠慮なく文字入れができ、書き直すときも楽です。

Googleフォームで評価カードを作成しよう！

相互評価させるときは事前に伝えておこう！
「発表会の後には、項目に沿ってお互い評価し、6年1組のベストシンクロマット賞を決めます！」と告知して活動意欲を加速させます。

アンケート結果の集約も簡単！
Googleフォームでは、回答結果を一覧で確認することができます。
その結果を評価の材料として活用するのもOK！

> **POINT**
> - 相互評価で教師が見えないところまで評価を！
> - 子ども同士で評価させることでさらに意欲アップ！
> - アンケートフォームを活用すれば集約も楽！

おわりに

　「ゴールから考える授業づくり」は、子どもたちも先生もワクワクする授業だということが伝わったのではないかと思います。

　ただ、僕自身はじめからこの授業づくりがうまくいったわけではありません。ハードルを高く設定し過ぎたせいで、子どもたちのやる気が上がらなかったこともありました。子どもに任せることが増えたことで、大幅に想定していた時数よりも時間がかかってしまったこともありました。

　それでも、明確なゴールを最初に与えることで、徐々に子どもたちは先を見通しながら学習に取り組むようになっていきました。

　そういった子がクラスに１人、２人と増えていったとき、子どたちから「先生、これグループでやったほうが楽しそうじゃない？」という声が上がったのです。まさに、子どもたちが主体となって考えているからこそその言葉だな思いました。

　それからは授業に関して、こちらから「みんなはどう思う？」と問いかけることも多くなりました。すると、意外と子どもたちが思っていることと自分が考えていることがズレていることもあり、そこを子どもたちと共有しながら一緒に授業をつくっていくようになりました。

　子どもたちが主体的に取り組むようになると、こちらが想像するよりも力が発揮され、みるみるうちに成果が出てきました。

　本書では、多くの実践を載せましたが、あなたにぴったりの授業があるとは限りません。はじめは失敗しても OK くらいの気持ちで、目の前の子どもたちに合わせながら実践してみてください。

　最後まで読んでいただきありがとうございました。
　本書がみなさんの教師人生に少しでもお役に立てれば幸いです。

こう

参考文献

三好 真史『学習評価入門』フォーラムＡ企画（2023）

三好 真史『跳び箱指導のすべて』東洋館出版社（2022）

杉江 修治『協同学習入門 —— 基本の理解と 51 の工夫』ナカニシヤ出版（2011）

杉江 修治『協同学習を深める —— 主体的、協同的で生き方につながる学びの実現』ナカニシヤ出版（2022）

澤井 陽介『できる評価・続けられる評価』東洋館出版社（2022）

奈須 正裕『個別最適な学びと協働的な学び』東洋館出版社（2021）

坂本 良晶『授業：校務が超速に！ さる先生の Canva の教科書』学陽書房（2023）

坂本 良晶『生産性が爆上がり！ さる先生の「全部ギガでやろう！」』学陽書房（2023）

前田 康裕『まんがで知る デジタルの学び —— ICT 教育のベースにあるもの』さくら社（2021）

前田 康裕『まんがで知る デジタルの学び② —— 創造的な学びが生まれるとき』さくら社（2023）

前田 康裕『まんがで知る デジタルの学び③ —— 授業改善プロジェクト』さくら社（2024）

難波 駿『超具体！ 自由進度学習はじめの 1 歩』東洋館出版社（2023）

難波 駿『学び方を学ぶ授業』東洋館出版社（2024）

著者紹介

こう

5時に起きて5時に帰る小学校教員。著書に、Amazon1位（教師向け書籍）にもなった『あなたのiPadを200％活用する教師の仕事術!』『あなたのiPadを200％活用する教師の授業術!』（以上、東洋館出版社）、『結局、定時退勤が子どもたちのためになる』（明治図書出版）がある。定時で帰る働き方を発信するブログ「もう5時っすよ。」を運営。X、Instagramでも教師の働き方やiPad活用などについて発信中。

X

Instagram

ブログ

授業が100倍楽しい！
ゴールから考える授業づくり

2025年3月24日　初版発行
2025年4月10日　2刷発行

著　者────こう

発行者────光行　明

発行所────学陽書房
　　　　　〒102-0072　東京都千代田区飯田橋1-9-3
編集部────TEL 03-3261-1112
営業部────TEL 03-3261-1111 ／ FAX 03-5211-3300
　　　　　https://www.gakuyo.co.jp/

ブックデザイン／能勢明日香　イラスト／おしろゆうこ
本文DTP制作・印刷／精文堂印刷　製本／東京美術紙工

©Kou 2025, Printed in Japan.
ISBN 978-4-313-65534-8 C0037
乱丁・落丁本は、送料小社負担でお取り替えいたします。
定価はカバーに表示してあります。

JCOPY 〈出版者著作権管理機構　委託出版物〉
本書の無断複製は著作権法上での例外を除き禁じられています。複製される場合は、そのつど事前に出版者著作権管理機構（電話03-5244-5088、FAX 03-5244-5089、e-mail: info@jcopy.or.jp）の許諾を得てください。